D de Dia

G de Guarda-pó

A de Adestrar

J de Junino

Meu primeiro DICIONÁRIO ilustrado

Meu primeiro **DICIONÁRIO** ilustrado

Todolivro

A a
a a

ABAJUR
OBJETO COM LÂMPADA QUE SE COLOCA NA CABECEIRA DA CAMA.

DEPOIS QUE O BEBÊ DORMIA, A MÃE APAGAVA A LUZ DO **ABAJUR**.

ABRAÇAR
ENVOLVER COM OS BRAÇOS.

COMO É BOM **ABRAÇAR** PESSOAS QUE NÓS QUEREMOS BEM.

ACADEMIA
LUGAR PARA FAZER EXERCÍCIOS FÍSICOS.

MUITAS PESSOAS VÃO À **ACADEMIA** PARA SE EXERCITAR E FICAR EM FORMA.

ACOMPANHAR
ESTAR OU IR EM COMPANHIA DE ALGUÉM; IR JUNTO.

PEDI PARA O MEU IRMÃO ME **ACOMPANHAR** ATÉ O CLUBE, POIS NÃO GOSTO DE SAIR SOZINHO.

ACORDADO
DESPERTO; SEM SONO; ATENTO.

ANTES DA MAMÃE ME CHAMAR DE MANHÃ, JÁ ESTOU **ACORDADO**.

ADESTRAR

ENSINAR, TREINAR O ANIMAL.

O TREINADOR **ADESTROU** NOSSO CÃOZINHO E AGORA ELE É MAIS OBEDIENTE.

ADMIRADA

SURPRESA; EXTASIADA.

FICO **ADMIRADA** EM VER O QUANTO MINHA AMIGA É DIVERTIDA.

ADOÇÃO

ATO OU EFEITO DE ADOTAR.

HÁ MUITOS ANIMAIS FOFINHOS ESPERANDO POR **ADOÇÃO**.

ADOECER

FICAR DOENTE; ADOENTAR-SE.

A VOVÓ DIZ QUE, SE EU BRINCAR NA CHUVA, POSSO **ADOECER**.

AEROMOÇA

PROFISSIONAL QUE ATENDE OS PASSAGEIROS NO AVIÃO.

ANTES DO AVIÃO DECOLAR, A **AEROMOÇA** EXPLICOU OS PROCEDIMENTOS DE EMERGÊNCIA.

AFETO

SENTIMENTO DE CARINHO, SIMPATIA, AMOR, DEDICAÇÃO.

QUANDO ABRAÇA SEUS CÃEZINHOS, ELA DEMONSTRA O **AFETO** QUE TEM POR ELES.

AGRADECER

SER GRATO POR ALGO QUE ALGUÉM FAZ PARA OU POR NÓS.

ERIC APRENDEU QUE SEMPRE DEVEMOS DIZER "OBRIGADO" PARA **AGRADECER** ÀS PESSOAS.

AJUDAR

AUXILIAR; DAR AUXÍLIO.

URSULINA GOSTA DE **AJUDAR** NAS TAREFAS DOMÉSTICAS.

ALEGRE

FELIZ; CONTENTE; SORRIDENTE.

CACÁ É UMA COELHINHA **ALEGRE** E SEMPRE DE BEM COM A VIDA.

ALFABETO

ABECEDÁRIO; CONJUNTO DAS LETRAS DE UMA LÍNGUA ESCRITA.

NOSSO **ALFABETO** É COMPOSTO DE 26 LETRAS.

ALPINISTA

QUEM PRATICA O ALPINISMO.

DEPOIS DE UMA SEMANA, O **ALPINISTA** CHEGOU AO TOPO DA MONTANHA.

ALTO-FALANTE

MEGAFONE; APARELHO QUE TRANSFORMA UM SINAL DE ÁUDIO EM SOM.

USANDO UM **ALTO-FALANTE**, PEDIU A ATENÇÃO DE TODOS PARA DAR UMA NOTÍCIA.

AMARELINHA

BRINCADEIRA INFANTIL EM QUE, AOS SALTOS COM UMA SÓ PERNA, AS CRIANÇAS ATRAVESSAM AS CASAS RISCADAS NO CHÃO.

DEPOIS DE FAZEREM O DEVER DE CASA, AMIGOS BRINCAM DE **AMARELINHA**.

AMBULÂNCIA

VIATURA EQUIPADA ESPECIALMENTE PARA ATENDER E TRANSPORTAR DOENTES E FERIDOS.

A **AMBULÂNCIA** CHEGOU RAPIDAMENTE E LEVOU O HOMEM FERIDO AO HOSPITAL.

AMIZADE

SENTIMENTO DE AFEIÇÃO, CARINHO, AFINIDADE ENTRE DOIS AMIGOS.

A **AMIZADE** É O MELHOR PRESENTE DO MUNDO.

ANÃO

PESSOA COM ALTURA MENOR DO QUE A NORMAL; PESSOA MUITO BAIXA.

OS SETE **ANÕES** ACOLHERAM A BRANCA DE NEVE NA CASA DELES.

ANCIÃO

HOMEM DE IDADE AVANÇADA; VELHO.

APESAR DE JÁ SER UM **ANCIÃO**, VOVÔ AINDA TEM MUITA DISPOSIÇÃO.

ANJO DA GUARDA

ANJO QUE TEM POR ENCARGO CUIDAR DE UMA PESSOA; AMIGO PROTETOR.

TODAS AS NOITES EU REZO PARA O MEU **ANJO DA GUARDA**.

APETITE

COM FOME; COM VONTADE DE COMER; GOSTO PELA COMIDA.

É PRECISO TER MUITO **APETITE** PARA COMER UMA MELANCIA INTEIRA!

APLAUDIR

BATER PALMAS COMO FORMA DE ELOGIAR.

OS AMIGOS DE CACÁ A **APLAUDIRAM** DEPOIS QUE ELA VENCEU A COMPETIÇÃO.

AQUARELA

TINTA DILUÍDA EM ÁGUA PARA FAZER PINTURAS.

URSULINA ADORA FAZER PINTURAS COM **AQUARELA**.

ARBUSTO

VEGETAL PEQUENO CHEIO DE GALHOS E FOLHAS.

HAVIA MUITOS **ARBUSTOS** NO JARDIM DA CASA DO VIZINHO.

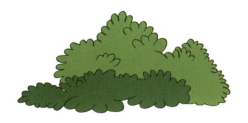

ARCO-ÍRIS

FENÔMENO DA NATUREZA QUE APARECE QUANDO A CHUVA REFLETE A LUZ DO SOL, MOSTRANDO SETE CORES.

UM LINDO **ARCO-ÍRIS** APARECEU NO CÉU DEPOIS DA CHUVA.

ARRANHA-CÉU

PRÉDIO MUITO ALTO, COM MUITOS ANDARES.

NO CENTRO DA CIDADE HÁ UM **ARRANHA-CÉU** DE 40 ANDARES!

ASPIRADOR

APARELHO USADO PARA SUGAR O PÓ.

A EMPREGADA PASSOU O **ASPIRADOR** NO TAPETE DA SALA DE TV.

ASSUSTADOR

QUE ASSUSTA, AMEDRONTA, APAVORA.

FANTASMAS NÃO EXISTEM, MAS MESMO ASSIM PARECEM **ASSUSTADORES**.

ASTRONAUTA

PESSOA QUE VIAJA AO ESPAÇO; COSMONAUTA.

OS **ASTRONAUTAS** VIAJAM PELO ESPAÇO NUM FOGUETE PARA CHEGAR ATÉ A LUA.

ASTÚCIA

MANHA; HABILIDADE; ESPERTEZA; SAGACIDADE.

LINO USA TODA SUA **ASTÚCIA** PARA ENSINAR SOBRE SAÚDE AOS AMIGUINHOS.

ATLETA

PESSOA QUE PRATICA O ATLETISMO, QUE FAZ ESPORTES.

O **ATLETA** PARTICIPOU DOS JOGOS OLÍMPICOS E GANHOU MEDALHA DE OURO.

AVENTAL

PEÇA QUE SE VESTE NA PARTE DIANTEIRA DO CORPO PARA EVITAR SUJAR A ROUPA.

SEMPRE COLOCO MEU **AVENTAL** QUANDO VOU FAZER MINHAS PINTURAS.

AXILA

CAVIDADE SOB O BRAÇO; SOVACO.

DEPOIS DE TOMAR BANHO, SEMPRE ENXUGO MINHAS **AXILAS**.

B b
B b

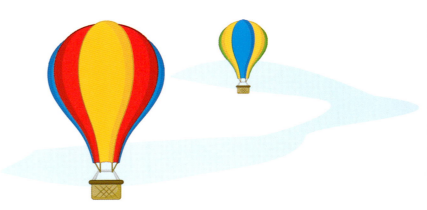

BAILARINA

MULHER QUE DANÇA BALÉ CLÁSSICO OU OUTRAS DANÇAS, PROFISSIONALMENTE OU NÃO.

O ESPETÁCULO DA **BAILARINA** NO TEATRO FOI MUITO APLAUDIDO PELO PÚBLICO.

BALANÇO

BRINQUEDO COM UM ASSENTO SUSPENSO POR CORDAS OU CORRENTES FIXAS NUM SUPORTE, EM QUE A PESSOA SE BALANÇA PARA FRENTE E PARA TRÁS.

DORINHA TEM UM **BALANÇO** NA ÁRVORE NO QUINTAL DA CASA DELA.

BALEIA

GRANDE MAMÍFERO CETÁCEO QUE MORA NO MAR.

UMA GRANDE **BALEIA** E SEU FILHOTE PASSARAM BEM AO LADO DO NOSSO BARCO.

BAMBOLÊ

OBJETO PLÁSTICO, DE FORMA CIRCULAR, USADO PARA A PRÁTICA DE BAMBOLEIO.

A MENINA GOSTA DE BRINCAR DE **BAMBOLÊ** COM AS AMIGUINHAS.

BANDA
CONJUNTO MUSICAL.

MEU IRMÃO TOCA EM UMA **BANDA** DE ROCK.

BANGUELA
PESSOA QUE NÃO TEM UM OU MAIS DENTES NA FRENTE.

MINHA IRMÃZINHA É **BANGUELA** PORQUE SEUS DENTES AINDA NÃO NASCERAM.

BANHO
BANHAR-SE COM ÁGUA; LIMPAR-SE.

O **BANHO** NÃO DEVE SER DEMORADO, PARA NÃO DESPERDIÇAR ÁGUA.

BARBEAR
FAZER A BARBA; CORTAR A BARBA.

GOSTO DE OLHAR O PAPAI SE **BARBEANDO** ANTES DE IR PARA O TRABALHO.

BARRACA
TENDA; ABRIGO DE LONA PARA ACAMPAMENTO.

LEVAMOS A **BARRACA** PARA ACAMPARMOS NO SÍTIO NO FIM DE SEMANA.

BARRIGUDO
COM BARRIGA GRANDE; PANÇUDO; GORDO.

VOVÓ DIZ QUE O VOVÔ ESTÁ **BARRIGUDO**.

BARULHENTO
RUIDOSO; COM BARULHO.

O CARRO DO VIZINHO É MUITO **BARULHENTO**.

BAÚ
CAIXA GRANDE, RETANGULAR, COM TAMPA.

ERIC GUARDA SEUS BRINQUEDOS DENTRO DE UM **BAÚ**.

BEBÊ
CRIANÇA RECÉM-NASCIDA; NENÉM.

MEU IRMÃOZINHO AINDA É **BEBÊ**.

11

BEIJOCA

UM BEIJO RÁPIDO; BEIJO COM ESTALOS.

ANTES DE IREM PARA O TRABALHO, MAMÃE SEMPRE DÁ UMA **BEIJOCA** NO PAPAI.

BELICHE

CAMAS SOBREPOSTAS.

GOSTO DE DORMIR NA CAMA DE CIMA DO **BELICHE**.

BEM-EDUCADO

QUE TEM BOA EDUCAÇÃO; CORTÊS; BEM-CRIADO.

A ALUNA **BEM-EDUCADA** LEVANTOU A MÃO PARA FALAR.

BIBLIOTECA

LOCAL ONDE SE COLOCAM OS LIVROS.

HÁ MUITOS LIVROS INTERESSANTES NA **BIBLIOTECA** DA ESCOLA.

BICOLOR

QUE POSSUI DUAS CORES.

A BANDEIRA DO JAPÃO É **BICOLOR**.

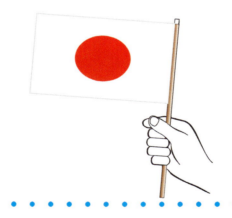

BILÍNGUE

PESSOA QUE FALA DOIS IDIOMAS.

MINHA PRIMA É **BILÍNGUE**, POIS ELA FALA PORTUGUÊS E INGLÊS.

BOCEJAR

ABRIR A BOCA POR SONO OU CANSAÇO; DAR BOCEJOS.

ANA FOI DORMIR TARDE ONTEM, POR ISSO ELA NÃO PARA DE **BOCEJAR**.

BOCHECHA

PARTE SALIENTE DAS FACES.

A VOVÓ SEMPRE APERTA MINHAS **BOCHECHAS**.

BOLA DE GUDE

PEQUENA BOLA DE VIDRO MACIÇO, PEDRA OU METAL, TRANSLÚCIDA, MANCHADA OU INTENSAMENTE COLORIDA, DE TAMANHO VARIÁVEL, USADA EM JOGOS INFANTIS.

PAPAI ME ENSINOU UMA BRINCADEIRA DE QUANDO ELE ERA DA MINHA IDADE: JOGAR **BOLA DE GUDE**.

BOLICHE

JOGO COM BOLAS ATIRADAS CONTRA PINOS.

DE VEZ EM QUANDO PAPAI E EU JOGAMOS **BOLICHE**.

BOMBOM

BALA; CARAMELO; DOCE FEITO COM CHOCOLATE, COM RECHEIOS VARIADOS.

RESTAVA APENAS UM **BOMBOM** DENTRO DA CAIXA.

BRIGADEIRO

TIPO DE DOCE À BASE DE LEITE CONDENSADO E CHOCOLATE.

AS CRIANÇAS COMERAM QUASE TODOS OS **BRIGADEIROS** DA FESTA DE ANIVERSÁRIO.

BRIGUENTO

BRIGÃO; QUE GOSTA DE BRIGAR.

LÁ NA ESCOLA TEM UMA MENINA MUITO **BRIGUENTA**.

BRINCAR

DIVERTIR-SE; DISTRAIR-SE COM UM BRINQUEDO OU COM AMIGOS.

ANA E PEDRINHO GOSTAM DE **BRINCAR** JUNTOS.

BRUXA

FEITICEIRA; MULHER MÁ; MEGERA.

A **BRUXA** MALVADA DEU UMA MAÇÃ ENVENENADA PARA A BRANCA DE NEVE.

BULLYING

PRÁTICA DE ATOS VIOLENTOS, INTENCIONAIS E REPETIDOS, CONTRA UMA PESSOA INDEFESA; INTIMIDAÇÃO.

SEMPRE DEVEMOS CONTAR AOS NOSSOS PAIS QUANDO ESTAMOS SOFRENDO ALGUM TIPO DE *BULLYING*.

BÚSSOLA

INSTRUMENTO CUJA AGULHA MAGNÉTICA APONTA SEMPRE PARA O POLO NORTE, SERVINDO DE ORIENTAÇÃO.

QUANDO EU E PAPAI VAMOS PEDALAR, SEMPRE LEVAMOS UMA **BÚSSOLA**.

C c
C c

CACHECOL

XALE; PEÇA DE TECIDO PRÓPRIA PARA PROTEGER O PESCOÇO.

A AVÓ FEZ UM **CACHECOL** E DEU DE PRESENTE PARA A NETINHA.

CACHORRO-QUENTE

SANDUÍCHE FEITO COM PÃO E SALSICHA, COM OU SEM MOLHO.

QUANTOS **CACHORROS-QUENTES** VOCÊ CONSEGUE COMER?

CADEIRANTE

PESSOA QUE NÃO PODE ANDAR POR CONTA DE ALGUM PROBLEMA FÍSICO, DEPENDENTE DE CADEIRA DE RODAS PARA SE LOCOMOVER.

DEVERIA HAVER MAIS RAMPAS DE ACESSO NAS CALÇADAS PARA OS **CADEIRANTES**.

CALCULADORA

MÁQUINA USADA PARA FAZER CONTAS, CÁLCULOS.

A CAIXA DA LOJA USOU A **CALCULADORA** PARA SOMAR AS COMPRAS DA CLIENTE.

CALENDÁRIO

FOLHINHA IMPRESSA COM TODOS OS DIAS E MESES DO ANO, ORGANIZADA POR MESES.

NO **CALENDÁRIO**, PODEMOS CONSULTAR OS FERIADOS.

CAMPEÃO

VENCEDOR DE UMA COMPETIÇÃO.

CACÁ É UMA **CAMPEÃ**, POIS JÁ GANHOU MUITAS MEDALHAS.

CANTAROLAR

CANTAR BAIXINHO.

MEU IRMÃO COSTUMA **CANTAROLAR** ENQUANTO CAMINHA.

CARDUME

UM GRUPO DE PEIXES.

TIO ZECA AVISTOU UM **CARDUME** NO MAR ENQUANTO PASSEAVA DE BARCO.

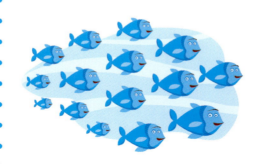

CARRETA

CAMINHÃO USADO PARA TRANSPORTE DE CARGAS PESADAS.

A **CARRETA** DEMOROU PARA ATRAVESSAR O CRUZAMENTO PORQUE ERA MUITO LONGA.

CARTEIRO

QUEM ENTREGA CARTAS.

TODOS OS DIAS O **CARTEIRO** ENTREGA AS CORRESPONDÊNCIAS NA VIZINHANÇA.

CASAMENTO

MATRIMÔNIO; UNIÃO DE DUAS PESSOAS QUE SE AMAM, QUE SÃO UM CASAL.

EU NÃO ESTAVA NO **CASAMENTO** DA MAMÃE E DO PAPAI, POIS AINDA NÃO TINHA NASCIDO.

CAUBÓI

VAQUEIRO; RAPAZ QUE CUIDA DO GADO.

O **CAUBÓI** CUIDA DO GADO NA FAZENDA.

CHORÃO

QUEM CHORA MUITO; QUEM ESTÁ SEMPRE CHORANDO.

NÃO ENTENDO POR QUE AQUELE MENINO É TÃO **CHORÃO**.

CICLISMO

ESPORTE COM USO DE BICICLETA.

PRATICAR **CICLISMO** FAZ BEM À SAÚDE E É DIVERTIDO.

COCHILAR

DORMIR DE LEVE; FAZER A SESTA; DESCANSAR.

A GILI GOSTA DE **COCHILAR** DEPOIS DO ALMOÇO.

COLABORAR

TRABALHAR JUNTO; AJUDAR; AUXILIAR; CONTRIBUIR.

SEPARAR O LIXO É UMA FORMA DE **COLABORAR** COM A PROTEÇÃO DO MEIO AMBIENTE.

COLORIR

DAR COR A; PINTAR; PASSAR CORES.

URSULINA GOSTA DE **COLORIR** DESENHOS EM TELA.

COMEMORAR

FESTEJAR; CELEBRAR.

TODO ANO EU **COMEMORO** MEU ANIVERSÁRIO COM MEUS AMIGUINHOS.

COMER

MASTIGAR; ENGOLIR UM ALIMENTO; ALIMENTAR-SE; NUTRIR-SE.

JOÃO TEM BOM APETITE E, QUANDO **COME**, MASTIGA BEM OS ALIMENTOS.

COMILÃO

QUEM COME MUITO; GULOSO; GLUTÃO.

TIO JOÃO É, SEM DÚVIDAS, UM **COMILÃO**.

COMPANHEIRO

COLEGA; AMIGO.

O CÃO-GUIA É UM GRANDE AMIGO E **COMPANHEIRO** DAS PESSOAS CEGAS.

COMPARTILHAR

COMPARTIR COM; DIVIDIR COM; PARTILHAR COM.

ERIC SEMPRE **COMPARTILHA** OS BRINQUEDOS COM O IRMÃOZINHO DELE.

COMPUTADOR

MÁQUINA ELETRÔNICA COM MUITOS RECURSOS TÉCNICOS.

NA ESCOLA, UTILIZAMOS O **COMPUTADOR** PARA FAZER MUITAS PESQUISAS.

CONSULTA

EXAME MÉDICO; DAR CONSELHO; PEDIR OPINIÃO.

URSULINA NÃO ESTAVA BEM E FOI AO MÉDICO PARA UMA **CONSULTA**.

CONVERSAR
FALAR COM OUTROS; DIALOGAR; DISCORRER.

TIA MARIA GOSTA MUITO DE **CONVERSAR**.

CONVESCOTE
PIQUENIQUE.

ERIC, CÁSSIO E URSULINA FIZERAM UM **CONVESCOTE** NO CAMPO.

CORTAR
DIVIDIR EM PARTES COM OBJETO AFIADO; REDUZIR.

MEU VIZINHO **CORTOU** A GRAMA DO JARDIM NA SEMANA PASSADA.

COZINHEIRO
PROFISSIONAL NA ARTE DE COZINHAR.

PAPAI É UM **COZINHEIRO** E TANTO!

CRIADO-MUDO
MÓVEL COM MESINHA E GAVETAS NO QUARTO DE DORMIR.

O ABAJUR ESTÁ SOBRE O **CRIADO-MUDO**, AO LADO DA CAMA.

CRIATIVO
INVENTIVO; FÉRTIL; PRODUTIVO.

URSULINA É MUITO **CRIATIVA** COM AS TINTAS E CORES.

CRONÔMETRO
APARELHO USADO PARA MEDIR O TEMPO; RELÓGIO DE PRECISÃO.

O **CRONÔMETRO** FOI ACIONADO PARA MARCAR O TEMPO DE DURAÇÃO DA CORRIDA.

CUMPRIMENTAR
SAUDAR; DAR CUMPRIMENTOS.

QUANDO ENCONTRAMOS UMA PESSOA, DEVEMOS **CUMPRIMENTÁ-LA** SORRINDO.

CURATIVO
APLICAÇÃO DE ANTISSÉPTICO, MEDICAMENTO E COBERTURA PROTETORA PARA LIMPAR E TRATAR MACHUCADOS.

MAMÃE FEZ UM **CURATIVO** NO BRAÇO DO MEU IRMÃO.

D d
𝒟 𝒹

DADO

CUBINHO USADO EM CERTOS JOGOS, COM PONTOS DE 1 A 6 MARCADOS EM CADA UMA DAS SUAS FACES.

OS MENINOS ROLARAM OS **DADOS** PARA VER QUEM COMEÇARIA O JOGO.

DEDICAÇÃO

DEVOTAMENTO; ENTREGA; MANIFESTAÇÃO DE AMOR E CONSIDERAÇÃO.

A **DEDICAÇÃO** DA PROFESSORA EM ENSINAR OS ALUNOS É ADMIRÁVEL.

DENGUE

DOENÇA PROVOCADA PELA PICADA DO MOSQUITO *AEDES AEGYPTI*.

NÃO DEVEMOS DEIXAR ÁGUA ACUMULADA NOS VASOS DE PLANTAS PARA EVITAR A **DENGUE**.

DENTISTA

PROFISSIONAL QUE TRATA DOS DENTES; ODONTÓLOGO.

DEVEMOS FAZER UMA VISITA AO **DENTISTA** DE SEIS EM SEIS MESES.

DESAMARRADO

SEM AS AMARRAS; DESATADO.

SENTOU-SE PARA AJEITAR O CADARÇO DO TÊNIS QUE ESTAVA **DESAMARRADO**.

DESCABELADO

COM O CABELO DESPENTEADO; DESARRUMADO.

DEPOIS QUE O RELÓGIO DESPERTOU, ELA SAIU DA CAMA **DESCABELADA** E DE PIJAMAS.

DESCULPAR

ESCUSAR; PERDOAR; ACEITAR O PERDÃO.

MAMÃE **DESCULPOU-SE** COM A VIZINHA POR EU TER QUEBRADO O VASO DELA.

DESENHAR

TRAÇAR LINHAS, OBJETOS; ESBOÇAR.

NA AULA DE EDUCAÇÃO ARTÍSTICA, AS CRIANÇAS **DESENHAM** E PINTAM SUAS OBRAS DE ARTE.

DESERTO

REGIÃO COM GRANDES EXTENSÕES DE AREIA, POUCA CHUVA, VEGETAÇÃO ESCASSA E POUCO HABITADA.

O CAMELO É UM ANIMAL QUE VIVE NO **DESERTO**.

DESTEMIDO

VALENTE; CORAJOSO; SEM MEDO.

O HOMEM-MORCEGO É O SUPER-HERÓI MAIS **DESTEMIDO** QUE EU CONHEÇO.

DESVIO

MUDANÇA DO CAMINHO OU ROTA; ATALHO.

O LOBO MAU DISSE PARA CHAPEUZINHO VERMELHO PEGAR UM **DESVIO**.

DETETIVE

QUEM INVESTIGA FATOS, CRIMES; INVESTIGADOR.

O **DETETIVE** SEGUIU A PISTA E ENCONTROU O LADRÃO DO BANCO.

DEVORAR

COMER COM VORACIDADE; COMER TUDO.

JOÃO **DEVOROU** O LANCHE RAPIDAMENTE, PORQUE ESTAVA FAMINTO.

DIA

PERÍODO ENTRE O NASCER E O PÔR DO SOL, EM QUE HÁ CLARIDADE; PERÍODO DE 24 HORAS.

PAPAI TRABALHA NO ESCRITÓRIO DURANTE O **DIA**. AMANHÃ SERÁ UM **DIA** MUITO LEGAL, POIS VAMOS VIAJAR.

DICIONÁRIO

REUNIÃO DE TODOS OS VOCÁBULOS DE UMA LÍNGUA, COM SIGNIFICADOS E EM ORDEM ALFABÉTICA.

QUANDO NÃO SOUBER O SIGNIFICADO DE UMA PALAVRA, CONSULTE O **DICIONÁRIO**.

DIGITAR

PRESSIONAR TECLAS COM OS DEDOS, ESCREVER UTILIZANDO O TECLADO DO COMPUTADOR, CELULAR OU TABLET.

MINHA IRMÃ TEM MUITA HABILIDADE PARA **DIGITAR** MENSAGENS NO CELULAR.

DINOSSAURO

RÉPTIL MUITO ANTIGO, A MAIORIA DE TAMANHO GIGANTESCO, DA ERA MESOZOICA.

OS **DINOSSAUROS** HABITARAM A TERRA HÁ MUITOS MILHÕES DE ANOS.

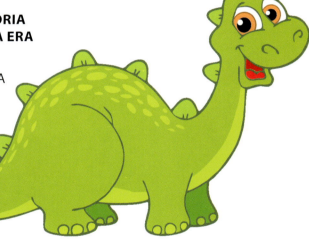

DIRIGIR

MANEJAR OS COMANDOS DE UM VEÍCULO, FAZENDO-O TOMAR CERTO RUMO; GUIAR; CONDUZIR.

NUNCA SE DEVE **DIRIGIR** E FALAR AO CELULAR AO MESMO TEMPO, PORQUE É PERIGOSO.

DISTANTE

LONGE; AFASTADO.

O SOL FICA BEM **DISTANTE** DO PLANETA TERRA.

DIVERTIDO

ALEGRE; ENGRAÇADO; SATISFATÓRIO.

ANDAR DE BICICLETA É **DIVERTIDO** E FAZ BEM À SAÚDE.

DOMINÓ

JOGO QUE UTILIZA PEÇAS COM FORMATOS RETANGULARES EM QUE UMA DAS FACES ESTÁ MARCADA POR PONTOS INDICANDO VALORES NUMÉRICOS.

EU GOSTO DE JOGAR **DOMINÓ** COM O PAPAI E A MAMÃE.

DORMINHOCO

AQUELE QUE DORME MUITO.

VOVÔ É UM **DORMINHOCO** E, ALÉM DISSO, RONCA MUITO ALTO!

DRAGÃO

BICHO MITOLÓGICO QUE SOLTAVA FOGO PELA BOCA, COM CAUDA LONGA E ASAS.

OS **DRAGÕES** DOS CONTOS DE FADAS SÃO FASCINANTES.

DRIBLE

ENGANAR O ADVERSÁRIO COM MOVIMENTOS DO CORPO.

O JOGADOR **DRIBLOU** O GOLEIRO E FEZ UM GOL.

DÚZIA

CONJUNTO DE DOZE UNIDADES DE ALGO.

VOVÓ COMPROU UMA **DÚZIA** DE OVOS NO SUPERMERCADO.

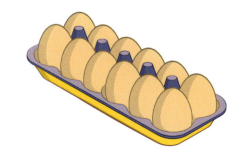

E e
Ɛ e

EDIFÍCIO

PRÉDIO; EDIFICAÇÃO; CONSTRUÇÃO.

NO CENTRO DA CIDADE, HÁ **EDIFÍCIOS** MUITO ALTOS.

EGOÍSTA

QUE SÓ PENSA EM SI MESMO.

O MENINO **EGOÍSTA** QUERIA O BRINQUEDO SÓ PARA SI.

EMBURRADO

QUE SE EMBURROU; MAL-HUMORADO; DESCONTENTE; CARRANCUDO.

PEDRINHO FICOU **EMBURRADO** PORQUE A MÃE NÃO O DEIXOU SAIR PARA BRINCAR NA CHUVA.

ENCANADOR

QUEM TEM POR PROFISSÃO TRABALHAR COM INSTALAÇÃO HIDRÁULICA.

A TORNEIRA DA COZINHA ESTÁ VAZANDO, PRECISAMOS CHAMAR UM **ENCANADOR**.

ENGATINHAR

ANDAR COM AS MÃOS E OS JOELHOS NO CHÃO; MOVER-SE COMO CRIANCINHA.

AGORA QUE O BEBÊ COMEÇOU A **ENGATINHAR**, NINGUÉM O SEGURA MAIS!

ENSINAR

DAR CONHECIMENTO; AJUDAR A APRENDER.

A PROFESSORA **ENSINA** LETRAS E NÚMEROS AOS ALUNOS.

ENSOLARADO
CHEIO DE LUZ DO SOL.

O DIA ESTAVA **ENSOLARADO**, ENTÃO MINHA FAMÍLIA E EU FOMOS À PRAIA.

ENTEDIADO
ABORRECIDO; ENFASTIADO.

QUANDO NÃO HÁ NADA PARA FAZER, MINHA IRMÃ SENTE-SE **ENTEDIADA**.

ENTUSIASMO
ÂNIMO; ALEGRIA; ÍMPETO.

PAPAI É SEMPRE TOMADO PELO **ENTUSIASMO** QUANDO SEU TIME DO CORAÇÃO VENCE.

EQUIPE
TIME; GRUPO DE PESSOAS REUNIDAS PARA ALCANÇAR OS MESMOS OBJETIVOS.

A **EQUIPE** DE BASQUETE TREINA TODOS OS DIAS NO GINÁSIO DE ESPORTES.

ESBELTO
ELEGANTE; GRACIOSO; DELGADO.

GILI SÓ COME ALIMENTOS SAUDÁVEIS, POR ISSO É **ESBELTA**.

ESCORREGAR
DESLIZAR COM O PESO DO PRÓPRIO CORPO.

ESCORREGOU NA CASCA DE BANANA QUE ALGUÉM JOGOU NA CALÇADA.

ESCOVAR
LIMPAR UTILIZANDO UMA ESCOVA.

SEMPRE DEVEMOS **ESCOVAR** OS DENTES APÓS COMERMOS ALGO.

ESCREVER
EXPRIMIR OU COPIAR ALGO POR MEIO DAS LETRAS; EXPRESSAR-SE ESCREVENDO.

QUANTO MAIS VOCÊ **ESCREVE**, MAIS EXERCITA O QUE APRENDEU.

ESCRIVANINHA
MESA PRÓPRIA PARA ESCREVER.

O LIVRO ESTÁ SOBRE A **ESCRIVANINHA**.

ESCUTAR

OUVIR; PERCEBER; PRESTAR ATENÇÃO.

TODAS AS MANHÃS, É POSSÍVEL **ESCUTAR** O BARULHO DOS CARROS NA RUA.

ESPANTALHO

PALHAÇO OU BONECO USADO PARA ESPANTAR AVES.

O **ESPANTALHO** EVITA QUE OS PÁSSAROS COMAM AS HORTALIÇAS DA HORTA.

ESPERTO

INTELIGENTE; ATIVO.

ERIC É MUITO **ESPERTO** NOS ASSUNTOS DE MATEMÁTICA.

ESQUIMÓ

MORADOR DO POLO NORTE.

OS **ESQUIMÓS** SE PROTEGEM CONTRA O FRIO EM SEUS IGLUS.

ESTÁBULO

CURRAL; CONSTRUÇÃO PARA ABRIGAR CAVALOS, GADO ETC.

O **ESTÁBULO** DA FAZENDA ABRIGOU ALGUNS ANIMAIS DURANTE A FORTE TEMPESTADE.

ESTRESSADO

ESTAFADO; TENSO; ANSIOSO.

PAPAI PRECISA DE UMAS FÉRIAS, POIS ANDA **ESTRESSADO** POR CAUSA DO TRABALHO.

ESTUDAR

APRENDER; DEDICAR-SE A ASSIMILAR CONHECIMENTOS; RETER CONHECIMENTOS.

É TÃO BOM IR À ESCOLA E **ESTUDAR** COM OS AMIGOS E A PROFESSORA.

EXAGERADO

AQUELE QUE TEM O COSTUME DE EXAGERAR; FAZER OU DIZER ALGO EM EXCESSO.

LINO É UM **EXAGERADO**, POIS, SE DEIXAR, ELE COME UMA MELANCIA INTEIRA SOZINHO!

EXAMINAR

INSPECIONAR; OBSERVAR; VERIFICAR.

LINO QUER SER MÉDICO, ENTÃO ELE BRINCA DE **EXAMINAR** OS COLEGUINHAS NA ESCOLA.

EXERCÍCIO

DESEMPENHO; EXECUÇÃO DE ALGO.

CACÁ ADORA FAZER **EXERCÍCIOS** DURANTE A AULA DE EDUCAÇÃO FÍSICA.

EXPLORAR

PESQUISAR; ANALISAR; VERIFICAR.

A ESCOLA ORGANIZOU UMA EXCURSÃO PARA **EXPLORARMOS** OS TIPOS DE PLANTAS NA FLORESTA.

EXPLOSÃO

ESTOURO COM GRANDE BARULHO.

HOUVE UMA GRANDE **EXPLOSÃO** QUANDO O VULCÃO ENTROU EM ERUPÇÃO.

F f
ℱ f

FADA
SER IMAGINÁRIO; ENTE QUE FAZ MARAVILHAS.

A **FADA**-MADRINHA AJUDOU A PRINCESA A IR AO BAILE.

FAMÍLIA
GRUPO DE PESSOAS COM A MESMA ASCENDÊNCIA, LINHAGEM; CLÃ.

QUANDO A **FAMÍLIA** ESTÁ REUNIDA, TODOS RIEM E SE DIVERTEM MUITO.

FAMOSO
QUE TEM MUITA FAMA; CONHECIDO; NOTÓRIO; CÉLEBRE.

A ATRIZ **FAMOSA** DEU AUTÓGRAFOS AOS FÃS NA SAÍDA DO CINEMA.

FAZENDA
PROPRIEDADE RURAL DE GRANDE EXTENSÃO, ONDE SE PLANTA E SE CRIA ANIMAIS.

A **FAZENDA** ABRIGAVA MUITOS ANIMAIS E TINHA PLANTAÇÕES A PERDER DE VISTA.

FELICIDADE
SITUAÇÃO OU QUALIDADE DE QUEM É FELIZ; ALEGRIA; CONTENTAMENTO; SATISFAÇÃO.

URSULINA É UM EXEMPLO DE **FELICIDADE**: ESTÁ SEMPRE SORRINDO E DE BOM-HUMOR.

FELIZ
ALEGRE; SATISFEITO; CONTENTE.

FIQUEI **FELIZ** AO SABER QUE TIREI 10 NA PROVA DE MATEMÁTICA.

FÉRIAS

PERÍODO PROLONGADO, LONGE DO TRABALHO OU DA ESCOLA, PARA DESCANSAR, PASSEAR E CURTIR COM AMIGOS E FAMÍLIA.

DURANTE AS **FÉRIAS**, EU E MINHA FAMÍLIA FOMOS PARA A PRAIA.

FESTANÇA

FESTA MUITO GRANDE; GRANDE COMEMORAÇÃO.

AO SABER QUE HAVIA GANHADO NA LOTERIA, REUNIU OS AMIGOS E FEZ UMA **FESTANÇA**.

FILA

FILEIRA; PESSOAS ALINHADAS UMA APÓS A OUTRA.

A PROFESSORA ORGANIZOU OS ALUNOS EM **FILA** PARA ENTRAREM NA SALA DE AULA.

FILHOTE

FILHO DE ANIMAL; ANIMALZINHO.

NA FAZENDA, OS **FILHOTES** BRINCAVAM SOB O OLHAR ATENTO DA MÃE.

FLAUTA

INSTRUMENTO MUSICAL DE SOPRO.

TODOS FICAM ADMIRADOS AO VEREM GUTO TOCANDO SUA **FLAUTA**.

FOCA

MAMÍFERO CARNÍVORO AQUÁTICO DO POLO NORTE.

NO PARQUE AQUÁTICO, A **FOCA** EQUILIBRAVA A BOLA NO FOCINHO.

FOCINHO

A PARTE DA CABEÇA DE CERTOS ANIMAIS CONSTITUÍDA PELA SALIÊNCIA DAS MANDÍBULAS E DO NARIZ.

GERALMENTE QUANDO O CACHORRO ESTÁ COM O **FOCINHO** QUENTE, É PORQUE ESTÁ COM CALOR.

FOGUEIRA

MONTAGEM COM MUITA MADEIRA OU LENHA PARA SER QUEIMADA.

A **FOGUEIRA** DE SÃO JOÃO ERA TÃO ALTA, QUE PODIA SER VISTA A QUILÔMETROS DE DISTÂNCIA.

FOLHEAR

PASSAR AS FOLHAS DE UM LIVRO; DAR UMA OLHADA; LER.

NO MUSEU, A GAROTA **FOLHEAVA** O LIVRO COM FOTOS ANTIGAS.

FONTE

NASCENTE DE ÁGUA LIMPA; CHAFARIZ.

DURANTE O PASSEIO NA ILHA DO SIRI, CACÁ ENCONTROU UMA **FONTE** PARA BEBER ÁGUA.

FORMATURA

RECEBIMENTO DE CERTIFICADO OU DIPLOMA POR TÉRMINO DE UM CURSO.

A **FORMATURA** REUNIU ALUNOS, PAIS E PROFESSORES EM UMA BELA CERIMÔNIA.

FORMIGUEIRO

NINHO DE FORMIGAS.

HAVIA UM GRANDE **FORMIGUEIRO** NO PASTO, BEM PERTO DO PÉ DE ABACATE.

FORTUNA

BENS MATERIAIS; RIQUEZA MATERIAL.

ACUMULOU GRANDE **FORTUNA** APÓS MUITOS ANOS DE TRABALHO ÁRDUO.

FOTÓGRAFO

PROFISSIONAL QUE TIRA FOTOS.

CONTRATAMOS UM **FOTÓGRAFO** PARA TIRAR FOTOS NO BATIZADO DO BEBÊ.

FRASCO

RECIPIENTE; GARRAFINHA PARA CONTER LÍQUIDOS, PÍLULAS E OUTROS.

POR SEGURANÇA, OS **FRASCOS** DE REMÉDIOS DEVEM SER MANTIDOS LONGE DE CRIANÇAS.

FRITAR

FRIGIR; PASSAR NA FRIGIDEIRA.

O COZINHEIRO **FRITOU** BIFES PARA SERVIR NO JANTAR.

FRITAS

BATATINHAS FRITAS.

NA LANCHONETE, PEDIMOS HAMBÚRGUER E **FRITAS** PARA LEVAR PARA CASA.

FURACÃO

TUFÃO; CICLONE.

O **FURACÃO** DESTRUIU A CIDADE E DEIXOU MUITOS DESABRIGADOS.

FUTEBOL

JOGO DE BOLA COM OS PÉS, EM QUE O OBJETIVO É FAZER GOL NA TRAVE DO ADVERSÁRIO; É COMPOSTO DE DOIS TIMES COM 11 JOGADORES CADA.

HOJE EM DIA, TANTO MENINOS QUANTO MENINAS JOGAM **FUTEBOL**.

FUTURO

PORVIR; QUE VEM DEPOIS DO PRESENTE; TEMPO QUE VIRÁ.

OS CARROS NO **FUTURO** SERÃO MAIS ECOLÓGICOS.

G g

GAIOLA
PEÇA PARA PRENDER AVES.

PÁSSAROS NÃO DEVEM SER PRESOS EM **GAIOLAS**, POIS TEM ASAS PARA VOAR.

GANGORRA
BRINQUEDO INFANTIL COMPOSTO POR UMA TÁBUA PARA DUAS PESSOAS, EM QUE UMA SOBE QUANDO A OUTRA DESCE.

CÁSSIO E GUTO SEMPRE SE DIVERTEM NO RECREIO BRINCANDO NA **GANGORRA**.

GARGALHAR
RIR ALTO; SOLTAR GARGALHADAS.

O FILME ERA TÃO ENGRAÇADO, QUE AS PESSOAS NÃO PARAVAM DE **GARGALHAR**.

GARGANTA
PARTE INTERNA DO PESCOÇO POR ONDE PASSAM OS ALIMENTOS.

PEDRINHO RECLAMOU PARA A MÃE QUE SUA **GARGANTA** ESTAVA DOENDO.

GARI
PROFISSIONAL RESPONSÁVEL PELA LIMPEZA DAS RUAS DA CIDADE.

HAVIA ALGUNS **GARIS** VARRENDO A RUA EM FRENTE À LOJA.

GAROTO
RAPAZ; ADOLESCENTE; MENINO.

A PROFESSORA CHAMOU O **GAROTO** PARA ESCREVER NO QUADRO.

GAVIÃO

TIPO DE AVE DE RAPINA.

O **GAVIÃO** SOBREVOA A FLORESTA NUM VOO SILENCIOSO, EM BUSCA DE SUA PRESA.

GELADEIRA

ELETRODOMÉSTICO QUE MANTÉM OS ALIMENTOS RESFRIADOS.

A **GELADEIRA** ESTAVA REPLETA DE COISAS GOSTOSAS PARA COMER.

GENEROSO

BONDOSO; CARIDOSO.

VOVÓ É A PESSOA MAIS **GENEROSA** QUE EU CONHEÇO.

GENTIL

POLIDO; DELICADO; FINO; CORTÊS.

CACÁ TROPEÇOU, MAS CÁSSIO FOI **GENTIL** E AJUDOU-A A SE LEVANTAR DO CHÃO.

GIGANTE

PESSOA DE ESTATURA E CORPO MUITO GRANDES; O QUE É ENORME.

PERTO DE SEUS AMIGUINHOS, GILI PARECE **GIGANTE**.

GINÁSTICA

EXERCÍCIOS PARA EXERCITAR FISICAMENTE O CORPO.

FAZER **GINÁSTICA** PELO MENOS TRÊS VEZES POR SEMANA FAZ MUITO BEM À SAÚDE.

GIRASSOL

PLANTA COM UMA GRANDE FLOR AMARELA QUE ACOMPANHA O GIRO DO SOL E CUJAS SEMENTES PRODUZEM UM ÓLEO MUITO APRECIADO.

A PLANTAÇÃO DE **GIRASSÓIS** NA FAZENDA PARECE ILUMINAR-SE COM A LUZ DO SOL.

GLACÊ

COBERTURA PARA BOLOS E DOCES.

NA VITRINE DA PADARIA HAVIA CUPCAKES COBERTOS COM **GLACÊS** COLORIDOS.

GOTEJAR

CAIR EM GOTAS; PINGAR ÁGUA.

ALGUÉM NÃO FECHOU A TORNEIRA DIREITO E AGORA ELA ESTÁ **GOTEJANDO**.

GRÁVIDA

MULHER GESTANTE; QUE ESTÁ ESPERANDO NENÉM.

MAMÃE ESTÁ **GRÁVIDA** E EU GANHAREI UM IRMÃOZINHO!

GRITAR

EMITIR SOM MUITO ALTO; BERRAR; CHAMAR AOS GRITOS.

A TORCIDA **GRITOU** QUANDO O JOGADOR CAIU EM CAMPO.

GRUPO

REUNIÃO DE PESSOAS, OBJETOS, ANIMAIS.

UM **GRUPO** DE CRIANÇAS AGUARDAVA PARA EMBARCAR NO BARCO.

GUARDA-PÓ

CASACO QUE SE VESTE SOBRE A ROUPA PARA NÃO SUJÁ-LA.

A PROFESSORA AGUARDAVA OS ALUNOS NA PORTA DA CLASSE, VESTIDA COM SEU **GUARDA-PÓ** BRANCO.

GUIDÃO

GUIDOM; BARRA PARA DIRIGIR BICICLETAS OU MOTOS.

A MENINA CARREGAVA FLORES NO CESTINHO PRESO AO **GUIDÃO** DE SUA BICICLETA.

GULOSEIMA

COISA APETITOSA; DOCES.

NA HORA DO ALMOÇO ESTAVA SEM FOME, POIS HAVIA COMIDO MUITAS **GULOSEIMAS** NO RECREIO.

GULOSO

QUE É DADO À GULA; QUE SE SENTE ATRAÍDO POR GULOSEIMAS.

O MENINO **GULOSO** COMEU UM PRATO ENORME DE MACARRÃO.

H h
H h

HABILIDOSO

CHEIO DE HABILIDADES; JEITOSO; PERITO; ESPERTO.

ERIC É MUITO **HABILIDOSO** NO JOGO DE XADREZ.

HAMBÚRGUER

PORÇÃO DE CARNE PICADA, TEMPERADA, AGLOMERADA NUM FORMATO PLANO E ARREDONDADO, QUE SE COME FRITA OU GRELHADA. É SERVIDA NO PÃO, EM LANCHONETES *FAST-FOOD*.

MEUS COLEGAS E EU FOMOS À LANCHONETE DA ESCOLA E PEDIMOS **HAMBÚRGUERES** COM BATATAS FRITAS.

HARAS

LOCAL ONDE SE CRIAM CAVALOS DE RAÇA.

O **HARAS** QUE VISITAMOS DURANTE O PASSEIO DA ESCOLA TINHA CAVALOS DE VÁRIAS RAÇAS E TAMANHOS DIFERENTES.

HELICÓPTERO

AERONAVE SUSTENTADA POR HÉLICES, QUE SOBE E DESCE VERTICALMENTE OU PODE PAIRAR NO AR.

EM UM PASSEIO PANORÂMICO DE **HELICÓPTERO**, É POSSÍVEL AVISTAR TODA A CIDADE LÁ EMBAIXO.

HERÓI

QUEM SE DESTACA POR ATOS EXTRAORDINÁRIOS; QUEM REALIZA GRANDES AÇÕES.

NOS CONTOS DE FADAS, O PRÍNCIPE SEMPRE É O GRANDE **HERÓI** QUE APARECE PARA SALVAR A PRINCESA.

33

HIBERNAR

PASSAR O INVERNO EM HIBERNAÇÃO; FICAR PARADO OU DORMIR POR LONGO TEMPO.

DURANTE O INVERNO, OS URSOS **HIBERNAM** E SÓ ACORDAM NO INÍCIO DA PRIMAVERA.

HIDRANTE

TORNEIRA A QUE SE LIGAM MANGUEIRAS E TUBOS PARA PUXAR ÁGUA.

OS BOMBEIROS ENCAIXAM A MANGUEIRA NO **HIDRANTE** PARA APAGAR O INCÊNDIO.

HIDRATAR

BEBER ÁGUA PARA CONSERVAR A UMIDADE NATURAL DO CORPO.

NO VERÃO, É MUITO IMPORTANTE TOMARMOS BASTANTE ÁGUA PARA **HIDRATAR** NOSSO CORPO.

HIPOPÓTAMO

ANIMAL ENORME COM COURO MUITO DURO, HERBÍVORO, QUE MORA PERTO DOS RIOS AFRICANOS.

DENTRE TODOS OS ANIMAIS DO ZOOLÓGICO, O **HIPOPÓTAMO** ERA O MAIS CALMO.

HORA

UNIDADE DE DIVISÃO DE TEMPO.

AS **HORAS** PASSAVAM LENTAMENTE E A **HORA** DE IR AO CIRCO PARECIA ESTAR AINDA TÃO LONGE!

HORRENDO

HORRÍVEL; HORROROSO; MEDONHO; ATERRADOR.

NO FILME DE TERROR, HAVIA MUITOS MONSTROS **HORRENDOS**.

HORTA

TERRENO ONDE SE PLANTAM VERDURAS E LEGUMES.

AS VERDURAS DA **HORTA** DA FAZENDA VÃO PARA O SUPERMERCADO E DEPOIS PARA A NOSSA MESA.

HOSPITAL

CASA DE SAÚDE; LOCAL PARA CUIDAR DE DOENTES.

O MENINO QUEBROU O BRAÇO ENQUANTO ANDAVA DE SKATE E FOI LEVADO AO **HOSPITAL**.

HOTEL

EMPRESA QUE ALUGA QUARTOS, FORNECE REFEIÇÕES E ENTRETENIMENTO E PRESTA OUTROS SERVIÇOS.

O **HOTEL** EM QUE FICAMOS HOSPEDADOS NAS FÉRIAS TINHA ATÉ UMA PISCINA COM TOBOGÃ.

I i
J j

IDEIA
REPRESENTAÇÃO MENTAL DE ALGO; PENSAMENTO; OPINIÃO; CONHECIMENTO; CONCEITO.

AS GRANDES INVENÇÕES COSTUMAM SURGIR A PARTIR DE GRANDES **IDEIAS**.

IGLU
MORADIA DO ESQUIMÓ, NORMALMENTE CONSTRUÍDA DE NEVE OU BLOCOS DE GELO.

APESAR DE SER CONSTRUÍDO COM GELO, O **IGLU** MANTÉM O ESQUIMÓ PROTEGIDO CONTRA O FRIO.

IGUAL
DE MESMA APARÊNCIA; SEM DIFERENÇA.

NO DIA DOS PAIS, PAPAI E EU SEMPRE COLOCAMOS ROUPAS **IGUAIS**, SÓ POR DIVERSÃO.

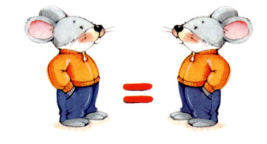

ILHA
PEDAÇO DE TERRA RODEADO DE ÁGUA POR TODOS OS LADOS.

NA **ILHA,** HAVIA VÁRIOS COQUEIROS, AREIA E NADA MAIS.

ILUSTRAÇÃO
FIGURA; GRAVURA; DESENHO; IMAGEM.

A REVISTA EM QUADRINHOS TRAZIA **ILUSTRAÇÕES** INCRÍVEIS DE SUPER-HERÓIS E VILÕES.

ÍMÃ
METAL QUE ATRAI OUTROS METAIS; MAGNETO.

DENTRO DA CAIXA DE COSTURA, ALFINETES E AGULHAS ESTAVAM GRUDADOS NO **ÍMÃ**.

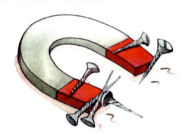

IMAGINAÇÃO

CRIATIVIDADE; OBRA CRIADA PELA FANTASIA.

LER UM LIVRO É SOLTAR A **IMAGINAÇÃO** E CRIAR SEU PRÓPRIO MUNDO DE CORES E PERSONAGENS.

INCÊNDIO

FOGO INTENSO QUE SE PROPAGA E CAUSA ESTRAGOS.

O **INCÊNDIO** DESTRUIU A CASA, MAS, POR SORTE, NINGUÉM FICOU FERIDO.

INCHADO

COM INCHAÇÃO; INTUMESCIDO.

O ROSTO FICOU **INCHADO** DEPOIS DA PICADA DE ABELHA.

INCOMODAR

ABORRECER; PERTURBAR; ESTORVAR.

O ZUMBIDO DA MOSCA **INCOMODAVA** O RAPAZ.

INFELIZ

TRISTE; TRISTONHO; DESDITOSO.

O TIME SAIU **INFELIZ** DO ESTÁDIO DEPOIS DE PERDER O JOGO.

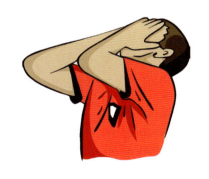

INFLAMÁVEL

QUE PEGA FOGO.

É PROIBIDO FUMAR NO POSTO DE COMBUSTÍVEL, POIS A GASOLINA É ALTAMENTE **INFLAMÁVEL**.

INTELIGENTE

ESPERTO; SABIDO; HÁBIL.

ALVINHO É O MENINO MAIS **INTELIGENTE** DA MINHA CLASSE.

INVERNO

ESTAÇÃO CLIMÁTICA MAIS FRIA DO ANO.

MAMÃE FOI À LOJA PARA COMPRAR COBERTORES, POIS O **INVERNO** JÁ VAI COMEÇAR.

INVERTEBRADO

ANIMAIS QUE NÃO TEM VÉRTEBRAS NEM OSSOS.

HOJE, NA ESCOLA, APRENDEMOS QUE A MINHOCA É UM ANIMAL **INVERTEBRADO**.

IOGA

CONJUNTO DE EXERCÍCIOS QUE ENVOLVEM A POSTURA E A RESPIRAÇÃO.

PRATICAR **IOGA** É BOM PARA A SAÚDE E TAMBÉM MUITO RELAXANTE.

IOGURTE

COALHADA DE LEITE COM A MISTURA DE OUTROS PRODUTOS.

MINHA IRMÃ GOSTA MUITO DE **IOGURTE** DE FRUTAS VERMELHAS.

IOIÔ

UM BRINQUEDO ANTIGO QUE TEM DOIS DISCOS UNIDOS NO CENTRO POR UM EIXO, NO QUAL PRENDE-SE UMA CORDA.

NO DIA DAS CRIANÇAS, MEU TIO ME DEU UM **IOIÔ** SUPERLEGAL!

IRREAL

NÃO REAL; INVERÍDICO; FANTASIOSO.

SEREIAS SÃO SERES **IRREAIS**, QUE SÓ EXISTEM EM HISTÓRIAS INFANTIS.

IRRIGAR

REGAR; MOLHAR; BANHAR PLANTAS.

O FAZENDEIRO **IRRIGA** AS PLANTAÇÕES PARA QUE CRESÇAM BEM E DEEM BONS FRUTOS.

IRRITADO

RAIVOSO; IRADO; COLÉRICO; FURIOSO.

O TORCEDOR FICOU **IRRITADO** PORQUE SEU TIME PERDEU.

ISCA

QUALQUER COISA QUE SE USA PARA PEGAR PEIXE.

O VOVÔ DIZ QUE MINHOCAS SÃO AS MELHORES **ISCAS** PARA PEGAR PEIXES.

ISOLADO

SEPARADO; LONGE DE TUDO; SEM CONTATO COM OUTROS.

O NÁUFRAGO FICOU **ISOLADO** NA ILHA DURANTE DIAS ATÉ SER RESGATADO.

J j
J j

JACARÉ
RÉPTIL DE FOCINHO LARGO E CHATO QUE, VIVE EM RIOS E PÂNTANOS.

O **JACARÉ**-DE-PAPO-AMARELO É UMA DAS ESPÉCIES DA FAUNA BRASILEIRA.

JANTAR
CEIA; REFEIÇÃO FEITA NO FIM DO DIA.

A FAMÍLIA TODA ESTAVA REUNIDA PARA O **JANTAR**.

JAPONÊS
QUE NASCEU NO JAPÃO; NIPÔNICO.

MINHA VIZINHA MAYUMI É **JAPONESA**.

JAQUETA
CASACO; PALETÓ.

MAMÃE SEMPRE DIZ PARA EU VESTIR MINHA **JAQUETA** EM DIAS MUITO FRIOS.

JARDINEIRA

VASO RETANGULAR PARA PLANTAR FLORES.

AS **JARDINEIRAS** NAS JANELAS DERAM UM TOQUE ESPECIAL À CASA EM ESTILO EUROPEU.

JOANINHA

INSETO PEQUENO, COM CORPO REDONDO E DESENHOS VARIADOS, MUITO COMUM EM JARDINS.

ENQUANTO PASSEAVA PELAS FOLHAS DAS PLANTAS, A **JOANINHA** OBSERVAVA TUDO AO SEU REDOR.

JÓQUEI

QUEM CAVALGA O CAVALO NA CORRIDA.

O **JÓQUEI** DISPARA À FRENTE DOS ADVERSÁRIOS E CONSEGUE VENCER A CORRIDA.

JOVEM

MOÇO; RAPAZ; HOMEM DE POUCA IDADE.

POR EDUCAÇÃO, O **JOVEM** CEDEU A VEZ AO IDOSO QUE AGUARDAVA NA FILA DO CINEMA.

JUDOCA

QUEM PRATICA JUDÔ.

O **JUDOCA** VENCEU UMA PROVA BASTANTE DIFÍCIL NAS OLIMPÍADAS.

JUNINO

PRÓPRIO DO MÊS DE JUNHO E DAS FESTAS JUNINAS.

NA FESTA **JUNINA**, TEVE FOGUEIRA, PIPOCA E ATÉ MESMO CASAMENTO CAIPIRA.

K k
K k

KARATÊ
ARTE MARCIAL JAPONESA QUE INCLUI DIVERSAS TÉCNICAS EXECUTADAS COM AS MÃOS DESARMADAS.

RINO PRATICA **KARATÊ** NA ESCOLA, COMO ATIVIDADE EXTRACLASSE.

KART
PEQUENO VEÍCULO USADO EM CORRIDAS.

O PILOTO DE **KART** CONSEGUIU VENCER O CAMPEONATO ESTADUAL.

KETCHUP
MOLHO DE TOMATE TEMPERADO, GERALMENTE USADO EM RESTAURANTES DE *FAST-FOOD*.

HUMMM! NADA MELHOR DO QUE UM CACHORRO-QUENTE COM MUITA MOSTARDA E **KETCHUP**.

KIT
CONJUNTO; ESTOJO; COLEÇÃO.

A PROFESSORA PEDIU QUE TODOS OS ALUNOS TRAGAM UM **KIT** DE LÁPIS DE COR PARA A AULA DE ARTES.

KILT
SAIOTE TÍPICO USADO PELOS ESCOCESES.

O ESCOCÊS APARECEU NA FESTA VESTINDO SEU **KILT** XADREZ VERMELHO.

KIWI
TIPO DE FRUTA SUCULENTA, DE COR VERDE.

APÓS O ALMOÇO, COMEMOS ALGUNS **KIWIS** COMO SOBREMESA.

L l

LABIRINTO
CONSTRUÇÃO COM MUITOS CORREDORES E CAMINHOS ENTRECRUZADOS, ALGUNS SEM SAÍDA.

DEPOIS DE ALGUMAS HORAS, CONSEGUIMOS ENCONTRAR A SAÍDA DO **LABIRINTO**.

LAGARTIXA
PEQUENO RÉPTIL QUE ANDA PELAS PAREDES CAÇANDO INSETOS.

A PEQUENA **LAGARTIXA** SUBIU NA PAREDE PARA APANHAR UMA MOSCA PARA O JANTAR.

LÁGRIMA
ÁGUA EXPELIDA PELOS OLHOS; CHORO; PRANTO.

LÁGRIMAS DESCIAM PELO ROSTO DO BEBÊ À MEDIDA QUE ELE CHORAVA.

LAMBER
PASSAR A LÍNGUA SOBRE QUALQUER COISA.

O CÃOZINHO **LAMBEU** O DONO PARA DEMONSTRAR SEU CARINHO POR ELE.

LAMBUZAR

SUJAR-SE COM COMIDA; EMPORCALHAR; MANCHAR.

GUTO SE **LAMBUZOU** TODO AO COMER PURÊ DE CENOURA NO ALMOÇO.

LANCHAR

FAZER UM LANCHE; COMER ALGO RÁPIDO.

MAMÃE E EU COSTUMAMOS **LANCHAR** NA PADARIA DEPOIS DE IR AO CINEMA.

LAVAR

PASSAR NA ÁGUA PARA LIMPAR.

REGRA Nº 1 PARA UMA BOA SAÚDE: **LAVAR** AS MÃOS ANTES DE COMER.

LEGUME

PLANTA DE HORTA, COMO: CENOURA, PEPINO, BATATA E BERINJELA.

APRENDEMOS NA AULA DE CIÊNCIAS SOBRE A IMPORTÂNCIA DE COMER **LEGUMES** TODOS OS DIAS.

LEITURA

ATO DE LER; O QUE SE LÊ; MODO DE ENTENDER ALGO.

PARA CÁSSIO, A **LEITURA** É MAIS DO QUE UM PASSATEMPO, É UM PRAZER.

LHAMA

MAMÍFERO RUMINANTE DOS ANDES, UTILIZADO PARA CARGAS.

DURANTE O PASSEIO DA ESCOLA AO ZOOLÓGICO, VIMOS UM ANIMAL MUITO INTERESSANTE: UMA **LHAMA**.

LIMONADA

BEBIDA FEITA COM SUCO DE LIMÃO, AÇÚCAR, ÁGUA E GELO.

DEPOIS DE BRINCAREM, AS CRIANÇAS TOMARAM **LIMONADA** COM BISCOITOS.

LISTA

LISTAGEM; RELAÇÃO; ROL.

O MENINO FEZ SUA **LISTA** DE PRESENTES PARA ENVIAR AO PAPAI NOEL.

LIVRARIA

LOCAL ONDE SE VENDEM LIVROS.

CÁSSIO SEMPRE REÚNE OS AMIGOS NA **LIVRARIA** PARA LER NOVAS HISTÓRIAS PARA ELES.

LOBO

MAMÍFERO DA FAMÍLIA DOS CÃES, CARNÍVORO E SELVAGEM.

O **LOBO** MAU NÃO CONSEGUIU DERRUBAR A CASA DE TIJOLOS NA HISTÓRIA DOS TRÊS PORQUINHOS.

LOCOMOTIVA

MÁQUINA QUE PUXA OS VAGÕES DO TREM.

PIUÍÍÍ! SEGUIA A **LOCOMOTIVA**, APITANDO E SOLTANDO FUMAÇA PELO AR.

LUA

SATÉLITE NATURAL DA TERRA QUE, DURANTE MUITAS NOITES, REFLETE A LUZ DO SOL.

O ESPETÁCULO DA **LUA** REFLETINDO NO LAGO FOI LINDO.

43

M m
m m

MAESTRO

REGENTE DE ORQUESTRA, BANDA, CONJUNTO MUSICAL, CORO.

O **MAESTRO** REGEU A ORQUESTRA DURANTE A APRESENTAÇÃO NO TEATRO DA CIDADE.

MÁGICO

INDIVÍDUO QUE REALIZA MÁGICAS; ILUSIONISTA.

A MELHOR ATRAÇÃO DO CIRCO ERA O **MÁGICO** COM SEUS TRUQUES INCRÍVEIS.

MAGRICELA

AQUELE QUE É EXCESSIVAMENTE MAGRO.

O RAPAZ ERA **MAGRICELA** PORQUE COMIA POUCO.

MALABARISMO

TRUQUE; EQUILÍBRIO COM DIFICULDADE.

TODOS ADMIRARAM A HABILIDADE DE LINO NA APRESENTAÇÃO DE **MALABARISMO**.

MALCHEIROSO

QUE CHEIRA MAL; FEDORENTO.

HAVIA ALGUMA COISA MUITO **MALCHEIROSA** DENTRO DA LATA DO LIXO.

MALDADE

RUINDADE; MALVADEZA; TORPEZA.

SÓ POR **MALDADE**, O GAROTO PUXOU O CABELO DA COLEGUINHA NA ESCOLA.

MAL-EDUCADO

MALCRIADO; GROSSEIRO; SEM MODOS.

CÁSSIO FOI MUITO **MAL-EDUCADO** AO JOGAR LIXO NA AREIA DA PRAIA.

MAPA-MÚNDI

MAPA QUE MOSTRA O MUNDO TODO.

A PROFESSORA PEDIU AO ALUNO PARA LOCALIZAR O BRASIL NO **MAPA-MÚNDI**.

MARIMBONDO

DENOMINAÇÃO GENÉRICA DE VÁRIAS ESPÉCIES DE VESPAS.

DEPOIS DE SER FERROADO POR UM **MARIMBONDO**, PRECISOU DE CUIDADOS MÉDICOS.

MARINHEIRO

INDIVÍDUO QUE TRABALHA EM NAVIO; MARUJO.

O CAPITÃO PEDIU AO **MARINHEIRO** PARA LAVAR O CONVÉS DO NAVIO.

MASTIGAR

MOER COM OS DENTES; TRITURAR.

DEVEMOS **MASTIGAR** BEM OS ALIMENTOS E SEM PRESSA.

MATEMÁTICA

CIÊNCIA QUE ESTUDA OS NÚMEROS, MEDIDAS E FIGURAS COM SUAS IMPLICAÇÕES.

A MATÉRIA PREFERIDA DO ERIC NA ESCOLA É **MATEMÁTICA**.

MECÂNICO

QUEM TRABALHA COM MECÂNICA.

PAPAI CHAMOU UM **MECÂNICO** PARA CONSERTAR O MOTOR DO CARRO QUE HAVIA PIFADO.

MENDIGO

QUEM PEDE ESMOLAS; QUEM VIVE DE ESMOLAS.

NA PORTA DA IGREJA, O **MENDIGO** PEDIA ESMOLAS PARA QUEM PASSAVA POR LÁ.

MENTIR

NÃO FALAR A VERDADE; ENGANAR.

O NARIZ DO PINÓQUIO CRESCIA CADA VEZ QUE ELE **MENTIA**.

MERENDA

LANCHE; REFEIÇÃO PEQUENA E LEVE; REFEIÇÃO ESCOLAR.

A ESCOLA OFERECE FRUTAS E SUCO NATURAL AOS ALUNOS NA HORA DA **MERENDA**.

MERGULHAR

IMERGIR NA ÁGUA; FICAR SOB A ÁGUA; AFUNDAR NA ÁGUA.

HOJE NA AULA DE NATAÇÃO APRENDEMOS COMO **MERGULHAR** COM SEGURANÇA.

METADE

CADA UMA DAS DUAS PARTES DE UM INTEIRO.

ESTAVA COM TANTA FOME QUE COMEU **METADE** DO MAMÃO NO CAFÉ-DA-MANHÃ.

METRÔ

TRANSPORTE COLETIVO URBANO POR TREM SUBTERRÂNEO.

A VIAGEM ATÉ O CENTRO DA CIDADE FOI RÁPIDA, POIS FOMOS DE **METRÔ** EM VEZ DE ÔNIBUS.

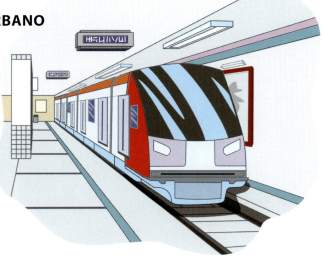

MISTO-QUENTE

SANDUÍCHE QUENTE FEITO NA CHAPA COM QUEIJO E PRESUNTO.

VOVÓ PREPAROU UM DELICIOSO **MISTO-QUENTE** PARA O LANCHE DA TARDE.

MOCHILA

BOLSA COM ALÇAS EM QUE AS PESSOAS LEVAM SEUS PERTENCES; BOLSA DE VIAGEM.

POR ONDE VAI, GILI SEMPRE LEVA SUA **MOCHILA** COM UMA GARRAFINHA DE ÁGUA.

MOCHILEIRO

O MOCHILEIRO É UM VIAJANTE INDEPENDENTE, QUE ORGANIZA SUAS VIAGENS POR CONTA PRÓPRIA, DANDO ÊNFASE À AVENTURA E DIVERSÃO.

TIO RAUL É UM **MOCHILEIRO** E JÁ VIAJOU PARA VÁRIAS PARTES DO MUNDO.

MUITO

EM GRANDE NÚMERO; EM QUANTIDADE ABUNDANTE.

CÁSSIO ESTÁ FELIZ POR TER **MUITOS** AMIGOS COM QUEM BRINCAR.

MULTIDÃO

AJUNTAMENTO DE MUITAS PESSOAS; AGLOMERAÇÃO.

A **MULTIDÃO** NO ESTÁDIO APLAUDIU DE PÉ QUANDO O JOGO TERMINOU.

MURMURAR

SUSSURRAR; FALAR BAIXINHO.

GUTO **MURMUROU** ALGUMA COISA PARA LINO, MAS ELE NÃO CONSEGUIU ENTENDER NADA.

MUSCULAÇÃO

EXERCÍCIO PARA TREINAR OS MÚSCULOS; GINÁSTICA.

IA À ACADEMIA FAZER **MUSCULAÇÃO** CERCA DE TRÊS VEZES NA SEMANA.

MUSEU

LOCAL ONDE SE EXPÕE OBJETOS DE ARTE, QUADROS E ANTIGUIDADES PARA APRECIAÇÃO DAS PESSOAS.

NO **MUSEU** DA CIDADE, HÁ QUADROS E ESCULTURAS DE ARTISTAS FAMOSOS.

MÚSICO

PESSOA QUE TRABALHA COM MÚSICA; PESSOA QUE TOCA UM INSTRUMENTO MUSICAL.

QUANDO CRESCER, GUTO QUER SER **MÚSICO** E TOCAR PARA MULTIDÕES.

N n
n n

NADAR

MOVER-SE NA ÁGUA COM BRAÇOS E PERNAS; BOIAR; FLUTUAR.

QUANDO NÃO ESTÁ COM OS AMIGOS, ERIC GOSTA DE **NADAR** COM SUA MÃE.

NARIGUDO

COM NARIZ GRANDE OU COMPRIDO; NARIGÃO.

O HOMEM **NARIGUDO**, DE ÓCULOS, APROXIMOU-SE PARA PEDIR UMA INFORMAÇÃO.

NATALINO

PRÓPRIO DO NATAL.

UMA ÁRVORE GIGANTE E ILUMINADA DESTACAVA-SE NA DECORAÇÃO **NATALINA** DO CENTRO DA CIDADE.

NATUREZA

TUDO O QUE FOI CRIADO NO UNIVERSO; A ESSÊNCIA DOS SERES E DAS COISAS.

A **NATUREZA** É UM PRESENTE QUE DEUS NOS DEU.

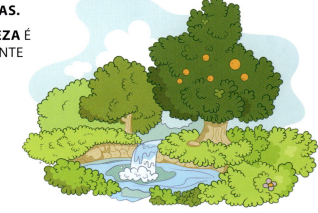

NAVIO

NAU; GRANDE EMBARCAÇÃO QUE FLUTUA E VIAJA SOBRE ÁGUAS.

O **NAVIO** CHEGOU AO PORTO DEPOIS DE PASSAR SEMANAS VIAJANDO PELO MAR.

NENÉM

CRIANÇA RECÉM-NASCIDA; BEBÊ.

O **NENÉM** COSTUMA ACORDAR VÁRIAS VEZES DURANTE A NOITE PARA MAMAR.

NETO

FILHO DE FILHA OU FILHO, EM RELAÇÃO AOS AVÓS.

MEUS AVÓS TEM MUITOS **NETOS** E **NETAS**.

NEVE

ÁGUA OU VAPOR DE ÁGUA CONGELADOS QUE CAEM EM FORMA DE FLOCOS.

A **NEVE** COBRIU O TELHADO DAS CASAS E OS CARROS ESTACIONADOS NA RUA.

NHOQUE

MASSA FEITA DE BATATA, OVOS, SAL E COZIDA EM ÁGUA FERVENTE.

NO ALMOÇO DE DOMINGO NA CASA DA VOVÓ SEMPRE TEM **NHOQUE** DE BATATA.

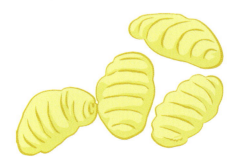

NINHADA

CONJUNTO DOS FILHOTES DE ALGUM ANIMAL EM UM NINHO;
TOTAL DE FILHOTES QUE A FÊMEA DO ANIMAL PARIU DE UMA SÓ VEZ.

O GATINHO FOI ESCOLHIDO ENTRE TODOS NA **NINHADA** POR CAUSA DE UMA MANCHINHA NO QUEIXO.

NÓ

LAÇO APERTADO; PARTES DE UMA CORDA QUE SE ENLAÇAM.

O MARINHEIRO DEU VÁRIOS **NÓS** NA CORDA PARA QUE O BARCO FICASSE FIRME NO ANCORADOURO.

NORTE-AMERICANO

NASCIDO NOS ESTADOS UNIDOS OU EM OUTRO PAÍS DA AMÉRICA DO NORTE.

O COMEDIANTE **NORTE-AMERICANO** ESTEVE NO PAÍS PARA O LANÇAMENTO DE SEU NOVO FILME.

NOSTALGIA

SAUDADE; SENTIMENTO DE TRISTEZA POR ESTAR LONGE DAS PESSOAS OU LOCAIS AMADOS.

A **NOSTALGIA** FEZ COM QUE URSULINA FICASSE COM O PENSAMENTO DISTANTE, NA ILHA EM QUE NASCERA.

NOZ

FRUTO DA NOGUEIRA OU DE OUTRAS ÁRVORES QUE PRODUZEM NOZES.

O BOLO DE **NOZES** FOI SERVIDO COM CHÁ NA REUNIÃO DE PAIS DA ESCOLA.

NUBLADO

CHEIO DE NUVENS; NEBULOSO.

O DIA **NUBLADO** NÃO NOS IMPEDIU DE SAIR DE CASA E IR AO *SHOPPING* PASSEAR.

NUVEM

MASSA DE VAPORES CONDENSADOS NA ATMOSFERA.

NUVENS DAS MAIS VARIADAS FORMAS, CRIAM UM LINDO ESPETÁCULO NO CÉU, EM UM DIA ENSOLARADO.

O o
O o

OBEDECER
EXECUTAR O QUE FOR MANDADO; CUMPRIR ORDENS; RESPEITAR.

TODOS **OBEDECEMOS** A PROFESSORA E FAZEMOS FILA PARA ENTRAR NA CLASSE.

OBSERVAR
OLHAR ATENTAMENTE; NOTAR; PERCEBER.

ERIC **OBSERVA** COMO SEU IRMÃOZINHO É INTELIGENTE E APRENDE RAPIDAMENTE.

OCA
CABANA DE ÍNDIO.

OS ÍNDIOS ESTAVAM DENTRO DA **OCA** PARA SE ESCONDEREM DO LEÃO QUE RONDAVA O LOCAL.

OCEANO
GRANDE MASSA DE ÁGUA SALGADA QUE COBRE A MAIOR PARTE DO PLANETA TERRA.

É IMPOSSÍVEL AO HOMEM SABER O NÚMERO EXATO DE PEIXES QUE ESTÃO NO **OCEANO**.

ÓCULOS
DUAS LENTES COLOCADAS EM UMA ARMAÇÃO PARA CORRIGIR DEFEITOS VISUAIS.

ERIC NÃO SE IMPORTA DE USAR **ÓCULOS**, POIS ELE SABE QUE ELES O AJUDAM A ENXERGAR MELHOR.

OFEGANTE
QUE RESPIRA COM DIFICULDADE.

LINO FICOU **OFEGANTE** DEPOIS DE APOSTAR UMA CORRIDA COM A GILI.

51

OFICINA

LOCAL COM EQUIPAMENTOS PARA FAZER CONSERTOS.

O CARRO FOI LEVADO À **OFICINA** PARA FAZER ALGUNS REPAROS NO MOTOR.

OLHAR

PÔR OS OLHOS EM; MIRAR; EXAMINAR COM OS OLHOS.

CÁSSIO E CACÁ **OLHAVAM** PARA ERIC E O INCENTIVAVAM A NÃO DESISTIR DA CORRIDA.

ONDA

ÁGUA SUBINDO E DESCENDO NA SUPERFÍCIE DO MAR, DE UM LAGO OU DE UM RIO.

O SALVA-VIDAS DISSE QUE AS **ONDAS** ESTAVAM FORTES, POR ISSO NINGUÉM PODERIA ENTRAR NO MAR.

ÔNIBUS

VEÍCULO PREPARADO PARA O TRANSPORTE DE PASSAGEIROS.

TODOS OS DIAS, O **ÔNIBUS** ESCOLAR LEVA AS CRIANÇAS ATÉ A PORTA DA ESCOLA.

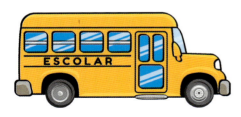

ORAR

O MESMO QUE REZAR.

OROU A DEUS PARA QUE SEU GATINHO FICASSE BOM LOGO.

ORDENHAR

TIRAR LEITE DA VACA.

O FAZENDEIRO COSTUMAVA **ORDENHAR** AS VACAS DE MANHÃ CEDO PARA OBTER LEITE BEM FRESQUINHO.

ORQUESTRA

CONJUNTO DE MÚSICOS QUE EXECUTAM UM CONCERTO MUSICAL.

A **ORQUESTRA** TOCOU NO TEATRO MUNICIPAL EM HOMENAGEM AOS 150 ANOS DA CIDADE.

OUTONO

ESTAÇÃO DO ANO ENTRE O VERÃO E O INVERNO.

NO **OUTONO**, O PASTO DA FAZENDA FICA FORRADO COM AS FOLHAS QUE CAEM DAS ÁRVORES.

P p
p p

PACOTE
EMBRULHO; INVÓLUCRO.

HAVIA MUITOS **PACOTES** COLORIDOS EMBAIXO DA GRANDE ÁRVORE DE NATAL.

PADEIRO
PROFISSIONAL QUE TRABALHA NA PADARIA FAZENDO PÃO.

GRAÇAS AO **PADEIRO**, TEMOS PÃO FRESQUINHO TODOS OS DIAS PARA O CAFÉ DA MANHÃ.

PALÁCIO
RESIDÊNCIA REAL OU NOBRE.

A PRINCESA ESTAVA À JANELA DO **PALÁCIO**, AGUARDANDO ANSIOSA PELA CHEGADA DO PRÍNCIPE ENCANTADO.

PALHAÇO
ARTISTA QUE TRABALHA NO CIRCO PARA DIVERTIR A PLATEIA.

O PÚBLICO DO CIRCO APLAUDIA ENQUANTO O **PALHAÇO** DAVA CAMBALHOTAS E CAÍA.

PANDORGA
O MESMO QUE PIPA, PAPAGAIO.

O VENTO ESTAVA FORTE E FAZIA A **PANDORGA** COLORIDA DANÇAR PELO CÉU SEM NUVENS.

PANGARÉ
CAVALO VELHO.

FAÍSCA ERA UM SIMPÁTICO **PANGARÉ** QUE, APESAR DA IDADE, AINDA GOSTAVA MUITO DE CAVALGAR.

PAPAGAIO

AVE ESPERTA QUE IMITA A VOZ HUMANA.

POUSADO NO OMBRO DO PIRATA, O **PAPAGAIO** REPETIA TUDO O QUE ELE DIZIA.

PAPEL DE PAREDE

MATERIAL USADO PARA COBRIR E DECORAR AS PAREDES DO INTERIOR DE QUARTOS, SALAS, ENTRE OUTROS.

AS PAREDES DO MEU QUARTO TÊM UM **PAPEL DE PAREDE** COM ESTAMPA DE BICHINHOS.

PARAQUEDAS

APARATO UTILIZADO PARA SALTAR DE AVIÕES COM SEGURANÇA.

AO SALTAR DO AVIÃO, ACIONOU O **PARAQUEDAS** E CONSEGUIU POUSAR EM SEGURANÇA EM TERRA FIRME.

PASSEIO

CAMINHAR OU SAIR PARA TER UM MOMENTO DE LAZER.

CACÁ, GILI E URSULINA DIVERTIRAM-SE A VALER NO **PASSEIO** AO PARQUE AQUÁTICO.

PASTEL

MASSA RECHEADA, FRITA, DE VÁRIOS SABORES, DOCE OU SALGADA.

SEMPRE QUE VAMOS AO *SHOPPING*, MAMÃE E EU COMEMOS **PASTEL** COM SUCO DE LARANJA.

PATINAR

DESLIZAR COM PATINS.

O DIA ESTAVA LINDO E AS CRIANÇAS APROVEITARAM PARA **PATINAR** NO PARQUE.

PAVÃO

AVE CUJA CAUDA É COLORIDA E MUITO BONITA.

ENTRE AS MUITAS AVES QUE VIMOS NO ZOOLÓGICO, ESTAVA O **PAVÃO**, COM SUA IMPONENTE CAUDA COLORIDA.

PEDALAR

MOVER O PEDAL, ANDAR DE BICICLETA.

AOS DOMINGOS, URSULINA GOSTA MUITO DE **PEDALAR** NO PARQUE PRÓXIMO À SUA CASA.

PEDALINHO

BARQUINHO MOVIDO COM PEDAIS DENTRO DA ÁGUA.

NA VISITA AO PARQUE, VIMOS PATINHOS NO LAGO E ANDAMOS DE **PEDALINHO**.

PEGADA

SINAIS DE PASSAGEM DE PÉS OU PATAS.

O CACHORRO PISOU NA LAMA E DEIXOU **PEGADAS** NA CALÇADA.

PEIXE

ANIMAL VERTEBRADO QUE VIVE NA ÁGUA E RESPIRA PELAS GUELRAS.

OS **PEIXES** DA LAGOA VINHAM ATÉ A SUPERFÍCIE PARA COMER AS MIGALHAS DE PÃO QUE JOGÁVAMOS NA ÁGUA.

PELICANO

AVE AQUÁTICA QUE POSSUI UMA BOLSA NO BICO INFERIOR PARA GUARDAR ALIMENTOS.

NAQUELE DIA ENSOLARADO, O **PELICANO** FAZIA VOOS RASANTES PARA APANHAR PEIXES NO MAR.

PENICO

RECIPIENTE PARA FAZER XIXI; "TRONINHO".

ANTES DE APRENDER A USAR O VASO SANITÁRIO, MAMÃE ME ENSINOU A FAZER XIXI NO **PENICO**.

PENTEAR

ALISAR O CABELO; ARRUMAR O CABELO.

QUANDO ESTOU ME ARRUMANDO PARA IR À ESCOLA, SEMPRE **PENTEIO** MEUS CABELOS.

PERDOAR

DESCULPAR ALGUÉM POR ALGO QUE ESSA PESSOA FEZ.

O MENINO PEDIU **PERDÃO** PARA A MENINA POR TÊ-LA OFENDIDO.

PERFUME

CHEIRO AGRADÁVEL; AROMA.

AS ROSAS NO JARDIM EXALAVAM UM **PERFUME** AGRADÁVEL.

PERIGOSO

AMEAÇADOR; CHEIO DE PERIGO.

É **PERIGOSO** COLOCAR SACOS PLÁSTICOS NA CABEÇA, POIS PODEMOS NOS SUFOCAR E MORRER.

PESCARIA

PESCA; AÇÃO DE PESCAR; PEGAR PEIXES.

A **PESCARIA** FOI DIVERTIDA E PEGAMOS ALGUNS PEIXES PARA O ALMOÇO.

PETECA

BRINQUEDO COM UMA BASE DE COURO E UM PENACHO, JOGADO COM A PALMA DAS MÃOS.

EU E MEUS AMIGOS GOSTAMOS DE JOGAR **PETECA** NA HORA DO RECREIO.

PIÃO

BRINQUEDO COM FORMATO CÔNICO E UMA PONTA, QUE GIRA DEPOIS DE SER JOGADO USANDO-SE UM BARBANTE.

VOVÔ DISSE QUE, QUANDO ELE ERA CRIANÇA, BRINCAVA COM UM **PIÃO**.

PICOLÉ

TIPO DE SORVETE NO PALITO.

ESTAVA MUITO CALOR, ENTÃO VOVÓ COMPROU **PICOLÉS** DE MORANGO PARA NOS REFRESCARMOS.

PIJAMA

ROUPA PRÓPRIA PARA DORMIR.

DEPOIS DO BANHO, COLOCO MEU **PIJAMA** E VOU PARA A CAMA DORMIR.

PILOTO

QUEM DIRIGE UM AVIÃO, NAVIO OU CARRO DE CORRIDA.

O **PILOTO** PEDIU PARA APERTAREM OS CINTOS, POIS O AVIÃO JÁ POUSARIA.

PINGUE-PONGUE

TÊNIS DE MESA.

O JOGO DE **PINGUE-PONGUE** FOI MUITO DIVERTIDO E NOSSA EQUIPE VENCEU O CAMPEONATO.

PIPOCA

GRÃO DE MILHO FINO QUE É ESQUENTADO ATÉ EXPLODIR.

ANTES DE ENTRAR PARA ASSISTIR AO FILME NO CINEMA, COMPRAMOS **PIPOCA** E REFRIGERANTE.

PIQUENIQUE

PASSEIO AO AR LIVRE COM COMIDA E BEBIDA.

ERIC CONVIDOU CÁSSIO E URSULINA PARA UM **PIQUENIQUE** NA ILHA DA MAGIA.

PIRATA

ASSALTANTE DE NAVIOS; SALTEADOR DE EMBARCAÇÕES.

A EMBARCAÇÃO FOI ATACADA PELO **PIRATA** DA PERNA-DE-PAU, O MAIS TEMÍVEL DOS SETE MARES.

PISCINA
TANQUE COM ÁGUA, CONSTRUÍDO PARA NADAR E SE DIVERTIR.

EU E MEUS AMIGOS GOSTAMOS DE NOS DIVERTIR NA **PISCINA** DO CLUBE.

PISTA
VESTÍGIO; SINAL; RASTRO.

O DETETIVE PROCURAVA UMA **PISTA** PARA DESVENDAR O CRIME.

PLANTAR
COLOCAR SEMENTES OU MUDAS NA TERRA.

PAPAI DISSE QUE A ÁRVORE QUE EU **PLANTEI** NO QUINTAL CRESCERÁ E UM DIA DARÁ FRUTOS.

POÇO
ABERTURA FEITA NO SOLO PARA RETIRAR ÁGUA POTÁVEL.

QUANDO VAMOS À FAZENDA DO VOVÔ, MAMÃE DIZ PARA EU TER CUIDADO E NÃO CHEGAR PERTO DO **POÇO**.

POLTRONA
CADEIRA ESTOFADA COM BRAÇOS.

A VOVÓ SEMPRE SENTA EM SUA CONFORTÁVEL **POLTRONA** E LÊ HISTÓRIAS PARA MIM.

PÔNEI
CAVALO PEQUENO.

OS **PÔNEIS** CORRIAM PELO PASTO AO LADO DOS CAVALOS.

PONTAPÉ
PANCADA COM A PONTA DO PÉ.

O JUIZ AUTORIZOU O JOGADOR A DAR O **PONTAPÉ** INICIAL DA PARTIDA.

PÔR DO SOL
POENTE; O DESAPARECIMENTO DO SOL NO HORIZONTE.

GILI E SEUS AMIGOS ADORAM ASSISTIR AO **PÔR DO SOL** NA PRAIA.

PORQUINHO-DA-ÍNDIA
ANIMAL ROEDOR DE PEQUENO PORTE.

O **PORQUINHO-DA-ÍNDIA** NO *PET SHOP* PARECIA NÃO SE IMPORTAR COM OS OLHARES DO OUTRO LADO DA VITRINE.

PRAIA

A PARTE COM AREIA NA BEIRA DO MAR; COSTA; LITORAL.

QUANDO ESTOU DE FÉRIAS DA ESCOLA, MINHA FAMÍLIA E EU VAMOS À **PRAIA** PARA NOS DIVERTIRMOS.

PRATELEIRA

SUPORTE; DIVISÓRIA DE UMA ESTANTE PARA COLOCAR LIVROS OU OUTROS OBJETOS.

PAPAI TEM UMA **PRATELEIRA** CHEIA DE LIVROS NO ESCRITÓRIO DELE.

PREGUIÇOSO

QUE É DADO À PREGUIÇA; PESSOA QUE EVITA O ESFORÇO FÍSICO OU INTELECTUAL.

OS PAIS RECLAMAM POR ELE SER MUITO **PREGUIÇOSO** E NÃO QUERER ESTUDAR.

PRESENTEAR

DAR UM PRESENTE PARA ALGUÉM.

A MÃE DE CÁSSIO O **PRESENTEOU** COM ALGUNS LIVROS DE AVENTURA PIRATA.

PROFESSOR

PESSOA QUE SE DEDICA AO ENSINO; MESTRE; EDUCADOR.

MINHA **PROFESSORA** É QUERIDA E MUITO PACIENTE COM A TURMA.

PROTEGER

DEFENDER; DAR PROTEÇÃO; ACOBERTAR.

USAVA O ESCUDO PARA SE **PROTEGER** DAS FLECHAS LANÇADAS PELO INIMIGO.

PULAR

SALTAR; TRANSPOR NUM SALTO.

PULAR CORDA, ALÉM DE UMA BRINCADEIRA DIVERTIDA, TAMBÉM É UM ÓTIMO EXERCÍCIO.

PUXAR

EXERCER FORÇA PARA MOVER ALGO PARA PERTO DE SI; ATRAIR; TRACIONAR.

O MENINO CAMINHAVA **PUXANDO**, ORGULHOSO, O CARRINHO QUE GANHARA DE PRESENTE DE ANIVERSÁRIO.

Q q
Q q

QUADRADO
OBJETO QUE TEM QUATRO LADOS IGUAIS.

O URSO DESTACAVA-SE ENTRE OS OUTROS PRESENTES, DENTRO DE UMA LINDA CAIXA **QUADRADA**.

QUADRICULADO
DIVIDIDO EM PEQUENOS QUADRADOS.

O TABULEIRO DO JOGO DE XADREZ É **QUADRICULADO**.

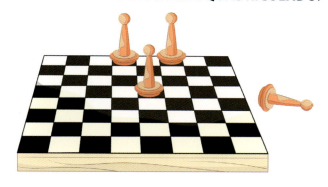

QUADRÚPEDE
ANIMAL COM QUATRO PATAS.

O GATO E O CACHORRO SÃO **QUADRÚPEDES**, PORQUE ELES TÊM QUATRO PATAS.

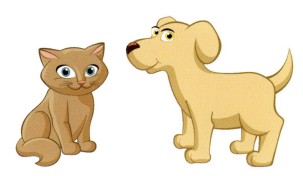

QUARTO
AMBIENTE PARA DORMIR.

QUANDO EU CRESCI UM POUCO MAIS, MAMÃE ME COLOCOU EM UM **QUARTO** BONITO E CONFORTÁVEL.

QUEBRA-CABEÇA

JOGO COM VÁRIAS PEÇAS QUE, JUNTAS, FORMAM UMA FIGURA.

LINO AJUDOU GUTO A ENCONTRAR A PEÇA QUE FALTAVA PARA COMPLETAR O **QUEBRA-CABEÇA**.

QUEBRADO

FEITO EM PEDAÇOS; ESTILHAÇADO.

MAMÃE SEMPRE DIZ PARA EU TOMAR CUIDADO COM VIDRO **QUEBRADO**, PORQUE É PERIGOSO E EU POSSO ME CORTAR.

QUEIJO

ALIMENTO PRODUZIDO A PARTIR DO LEITE.

EU ADORO COMER PÃO COM **QUEIJO** NO CAFÉ DA MANHÃ.

QUEIMAR

PEGAR FOGO; LESAR COM CHAMA; CHAMUSCAR(-SE); TOSTAR(-SE).

MAMÃE DIZ QUE COZINHA NÃO É LUGAR DE BRINCAR, POIS POSSO ME MACHUCAR OU ME **QUEIMAR**.

QUEIXO

PARTE INFERIOR DA MANDÍBULA.

DEPOIS DE SABER QUE GANHARIA UM IRMÃOZINHO, LARA PÔS A MÃO NO **QUEIXO** E FICOU PENSATIVA.

QUICAR

O PULAR OU SALTAR DE UMA BOLA.

A BOLA **QUICOU** ATÉ PARAR PERTO DE UMA ÁRVORE.

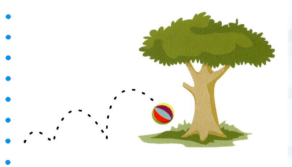

QUINTAL

TERRENO AO REDOR OU NOS FUNDOS DA CASA.

O **QUINTAL** DA CASA TINHA UMA ÁRVORE COM BALANÇO E UMA CASINHA PARA O CACHORRO.

QUITANDA

LUGAR ONDE SE VENDE FRUTAS, VERDURAS, OVOS ETC.

TITIA FOI À **QUITANDA** PARA COMPRAR ALGUMAS VERDURAS FRESQUINHAS PARA O ALMOÇO.

R r
R r

RABISCO
LETRA TORTA, FEIA; DESENHO MALFEITO.

A LETRA DO MÉDICO MAIS PARECIA UM MONTE DE **RABISCOS**.

RÁDIO
APARELHO RECEPTOR DOS SINAIS RADIOFÔNICOS DE UMA ESTAÇÃO DE RÁDIO (EX. O RÁDIO PORTÁTIL).

O VOLUME DO **RÁDIO** ESTAVA ALTO E TALVEZ ACORDASSE O BEBÊ QUE ESTAVA DORMINDO.

RAINHA
ESPOSA DO REI; GOVERNANTE DE UMA NAÇÃO.

A **RAINHA** DESFILOU EM CARRO ABERTO, ACENANDO PARA O POVO QUE A ASSISTIA.

RAIVOSO
CHEIO DE RAIVA; FURIOSO.

FICOU **RAIVOSO** QUANDO SOUBE QUE TINHAM ROUBADO O CARRO DELE.

RALHAR
REPREENDER; CHAMAR A ATENÇÃO DE.

PAPAI **RALHOU** COMIGO QUANDO SOUBE QUE EU ACERTEI A BOLA NA JANELA DO VIZINHO.

RAMALHETE

PEQUENO RAMO; BUQUÊ; FEIXE DE FLORES E FOLHAS.

DEMOS UM LINDO **RAMALHETE** DE FLORES PARA A MAMÃE NO DIA DAS MÃES.

RÁPIDO

LIGEIRO; VELOZ.

EM UMA CORRIDA, O VENCEDOR SERÁ AQUELE QUE FOR MAIS **RÁPIDO**.

RAQUETE

INSTRUMENTO PRÓPRIO PARA JOGAR TÊNIS OU PINGUE-PONGUE.

GANHEI UMA **RAQUETE** NOVA PARA TREINAR TÊNIS NO CLUBE.

RASGAR

ROMPER; PROVOCAR RASGO EM; DIVIDIR; FRAGMENTAR.

RASGOU O PAPEL VELHO E COLOCOU-O NA LATA DE RECICLAGEM.

RATAZANA

FÊMEA DO RATO; RATO GRANDE.

VIMOS UMA **RATAZANA** SAINDO DO BUEIRO PERTO DA CALÇADA.

REBANHO

GADO; GRUPO DE OVELHAS, CABRAS, VACAS, ETC.

O **REBANHO** DE OVELHAS DESCANSAVA NO PASTO VERDE DA FAZENDA.

RECEBER

ACOLHER; RECEPCIONAR; OBTER COMO RECOMPENSA OU POR RECONHECIMENTO.

MARIA **RECEBEU** SEUS AVÓS COM UM ABRAÇO CARINHOSO, POIS ESTAVA COM MUITA SAUDADE DELES.

RECHONCHUDO

GORDO; GORDUCHO; OBESO.

O BEBÊ **RECHONCHUDO** DAVA SEUS PRIMEIROS PASSOS, SEM CAIR.

RECICLAR

FAZER RECICLAGEM; REAPROVEITAR MATERIAIS.

GILI FALA AOS AMIGOS DA ESCOLA SOBRE A IMPORTÂNCIA DE **RECICLAR** MATERIAIS EM CASA.

RECREIO

INTERVALO ENTRE AS AULAS PARA O LANCHE E DIVERSÃO DOS ALUNOS.

NA HORA DO **RECREIO**, MEUS AMIGOS E EU BRINCAMOS NO PÁTIO DA ESCOLA.

RECUSAR

NÃO ACEITAR; NEGAR; OPOR-SE; SER CONTRA.

RECUSOU-SE A COMPRAR MAIS PÃO, POIS ACHAVA QUE HAVIA O SUFICIENTE PARA TODOS.

REDE

PEÇA DE TECIDO PARA DORMIR OU DESCANSAR.

DEITOU-SE NA **REDE** PARA TIRAR UMA SONECA DEPOIS DO ALMOÇO.

REFEIÇÃO

ALIMENTO QUE SE INGERE DIARIAMENTE EM HORAS REGULARES; ATO DE COMER.

DEVEMOS COMER BEM NO CAFÉ DA MANHÃ, POIS É A **REFEIÇÃO** MAIS IMPORTANTE DO DIA.

REFLEXO

IMAGEM REFLETIDA.

GUTO GOSTA DE VER O **REFLEXO** DE SEU TOPETE COLORIDO NO ESPELHO.

REFRIGERANTE

BEBIDA GASEIFICADA E SEM ÁLCOOL.

PREFIRO TOMAR SUCO A **REFRIGERANTE**, POIS É MAIS SAUDÁVEL.

REGADOR

OBJETO UTILIZADO PARA REGAR PLANTAS.

QUANDO MAMÃE ME PEDE PARA AJUDAR NO JARDIM, PEGO MEU **REGADOR** E MOLHO AS PLANTAS.

RELÂMPAGO

CLARÃO RESULTANTE DA DESCARGA ELÉTRICA QUE SE PRODUZ ENTRE DUAS NUVENS OU ENTRE UMA NUVEM E A TERRA.

QUANDO ESCUTA UM **RELÂMPAGO**, MEU CACHORRO CORRE PARA DEBAIXO DA CAMA.

RELÓGIO

OBJETO USADO PARA MARCAR AS HORAS, MINUTOS E SEGUNDOS.

QUASE PERDEU A HORA DE IR À ESCOLA PORQUE O **RELÓGIO** NÃO DESPERTOU.

REMÉDIO

MEDICAMENTO; SUBSTÂNCIA USADA CONTRA UMA DOENÇA.

DEPOIS DE TOMAR O **REMÉDIO** QUE O MÉDICO RECOMENDOU, SENTIU-SE MUITO MELHOR.

RENA

ANIMAL DAS REGIÕES FRIAS DO HEMISFÉRIO NORTE; TIPO DE CERVO.

AS **RENAS** PUXAVAM O TRENÓ DO PAPAI NOEL PELAS MONTANHAS REPLETAS DE NEVE.

REPÓRTER

INDIVÍDUO QUE COLHE E BUSCA NOTÍCIAS PARA A IMPRENSA.

O PROGRAMA ESTAVA AO VIVO QUANDO O **REPÓRTER** ANUNCIOU O AUMENTO DA GASOLINA.

REPOUSAR

DESCANSAR; RECUPERAR AS FORÇAS.

PRECISAMOS **REPOUSAR** NO MÍNIMO 8 HORAS POR NOITE PARA COMEÇAR BEM O DIA.

REPRESENTAR

FIGURAR; EXIBIR; DESEMPENHAR PAPEL.

URSULINA GOSTA DE **REPRESENTAR** NAS PEÇAS DE TEATRO DA ESCOLA.

RÉPTIL

ANIMAL QUE SE ARRASTA, RASTEJA.

NA AULA DE CIÊNCIAS APRENDEMOS QUE A COBRA É UM **RÉPTIL**.

RESFRIADO

QUE ESTÁ COM GRIPE; CONSTIPADO.

BEM QUE A MAMÃE AVISOU QUE, SE EU FICASSE BRINCANDO NA CHUVA, PEGARIA UM **RESFRIADO**!

RESTAURANTE

LOCAL ONDE COMER; CASA QUE VENDE REFEIÇÕES.

NO DOMINGO PASSADO, ALMOÇAMOS NO NOVO **RESTAURANTE** ITALIANO NO CENTRO DA CIDADE.

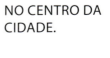

RETORNAR

VOLTAR; REGRESSAR.

DEPOIS DE PASSAR ALGUNS DIAS FORA A TRABALHO, PAPAI LIGOU DIZENDO QUE **RETORNARIA** EM BREVE.

RETRATO

IMAGEM REPRODUZIDA POR FOTO OU PINTURA.

FIZ UM **RETRATO** DA MAMÃE NA AULA DE EDUCAÇÃO ARTÍSTICA E DEI DE PRESENTE A ELA.

REVISTA

PUBLICAÇÃO COM ESCRITOS E FOTOS SOBRE TEMAS VARIADOS.

QUANDO VAI À BANCA, PAPAI SEMPRE ME TRAZ UMA **REVISTA** EM QUADRINHOS.

REZAR

ORAR; DIRIGIR UMA ORAÇÃO A DEUS.

TODAS AS NOITES, ANTES DE DORMIR, EU **REZO** PARA O MEU ANJINHO DA GUARDA.

RICO

QUEM TEM MUITOS BENS E DINHEIRO; ABASTADO.

TIO ZECA FICOU **RICO** DEPOIS DE ANOS TRABALHANDO COM DEDICAÇÃO.

RINOCERONTE

MAMÍFERO COM PELE GROSSA E DURA, COM UM OU DOIS CHIFRES NO FOCINHO.

AS CRIANÇAS ESTAVAM ANIMADAS PARA IR AO ZOOLÓGICO VER UM **RINOCERONTE** DE PERTO.

ROBÔ

MÁQUINA INFORMATIZADA, GERALMENTE DE ASPECTO HUMANO, CAPAZ DE SE MOVIMENTAR E DE AGIR.

A APRESENTAÇÃO DO **ROBÔ** IMPRESSIONOU TODOS POR SUA INTELIGÊNCIA.

RONCAR

PROVOCAR RUÍDO RESPIRATÓRIO DURANTE O SONO.

O VOVÔ **RONCA** TÃO ALTO, QUE NINGUÉM CONSEGUE DORMIR EM PAZ.

ROQUEIRO

ADEPTO DO ROCK; QUEM COMPÕE OU TOCA ROCK.

MEU PRIMO **ROQUEIRO** E SUA BANDA ENSAIAM NA GARAGEM DA CASA DELE.

ROUPÃO

ROBE; PENHOAR.

AO SAIR DO BANHO, VESTIU O **ROUPÃO** PARA PROTEGER-SE DO FRIO.

ROUPEIRO

GUARDA-ROUPA; MOBÍLIA DO QUARTO PARA GUARDAR ROUPAS.

MAMÃE COLOCA TODAS AS MINHAS ROUPAS DENTRO DO **ROUPEIRO** NO QUARTO.

RUBÉOLA

DOENÇA QUE SE MANIFESTA POR ERUPÇÕES NA PELE.

NO ANO PASSADO, FIQUEI UMA SEMANA SEM IR À ESCOLA, PORQUE ESTAVA COM **RUBÉOLA**.

RUIVO

QUE TEM CABELO LOURO-AVERMELHADO.

O MENINO **RUIVO** DO TIME DE FUTEBOL LÁ DA ESCOLA JOGA MUITO BEM.

S s
S s

SABOREAR
DEGUSTAR; EXPERIMENTAR; PERCEBER O GOSTO.

ENQUANTO ESPERAVA A MÃE BUSCÁ-LA NA ESCOLA, **SABOREOU** UM DELICIOSO SORVETE.

SACI
SACI-PERERÊ; FIGURA DO FOLCLORE COM UMA PERNA SÓ E CARAPUÇA VERMELHA.

OS ALUNOS FICARAM ENCANTADOS QUANDO A PROFESSORA LEU A HISTÓRIA DO **SACI**-PERERÊ PARA A CLASSE.

SACOLA
BOLSA; PEQUENO SACO COM ALÇAS QUE SERVE PARA CARREGAR COISAS.

MAMÃE VOLTOU DAS COMPRAS CARREGANDO MUITAS **SACOLAS**.

SALADA
PRATO FEITO COM HORTALIÇAS; VEGETAL QUE SE COME CRU OU COZIDO, TEMPERADO OU NÃO.

ANTES EU NÃO COMIA **SALADA**, MAS APRENDI A GOSTAR E COMO TODOS OS DIAS.

SALIVAR
SOLTAR SALIVA; PRODUZIR SALIVA; FICAR COM ÁGUA NA BOCA.

O CÃOZINHO COMEÇOU A **SALIVAR** QUANDO VIU O ENORME PEDAÇO DE CARNE EM CIMA DA MESA DA COZINHA.

SALVA-VIDAS
GUARDA-VIDAS; NADADOR DE SERVIÇO NOS POSTOS DE SALVAMENTO NAS PRAIAS.

O **SALVA-VIDAS** ESTÁ SEMPRE ALERTA NA PRAIA, OBSERVANDO SE ALGUM BANHISTA PRECISA DE AJUDA.

SAMURAI

GUERREIRO JAPONÊS A SERVIÇO DE UM NOBRE NA ÉPOCA DO JAPÃO FEUDAL.

UM **SAMURAI** SABE MANUSEAR SUA ESPADA E LUTAR.

SANDÁLIAS

CALÇADO FEITO COM TIRAS, DEIXANDO O PÉ A MOSTRA.

GLORINHA GANHOU UM PAR DE **SANDÁLIAS** NOVAS NO ANIVERSÁRIO DELA.

SANDUÍCHE

LANCHE FEITO COM DUAS FATIAS DE PÃO OU PÃO CORTADO AO MEIO E RECHEIOS DIVERSOS.

QUANDO CHEGUEI DA ESCOLA, MAMÃE FEZ UM **SANDUÍCHE** PARA EU COMER.

SARDAS

PEQUENAS PINTAS QUE SURGEM NA PELE DO ROSTO.

LUIZA NÃO SE IMPORTAVA EM TER **SARDAS** E ATÉ ACHAVA ENGRAÇADO O FATO DE OS OUTROS NÃO AS TEREM TAMBÉM.

SATÉLITE

CORPO CELESTE QUE GRAVITA EM TORNO DE OUTRO; EQUIPAMENTO ENVIADO AO ESPAÇO PARA FAZER PESQUISAS.

PAPAI ME EXPLICOU QUE O SINAL DA TV A CABO É TRANSMITIDO POR UM **SATÉLITE** QUE FICA NO ESPAÇO.

SAUDADE

NOSTALGIA; DOR POR ESTAR LONGE DE ALGUÉM OU ALGO AMADO.

PASSAVA HORAS A ADMIRAR A FOTOGRAFIA, A FIM DE DIMINUIR UM POUCO A **SAUDADE** QUE SENTIA DA NAMORADA.

SAUDÁVEL

SÃO; COM SAÚDE; SADIO.

LINO SE MANTÉM **SAUDÁVEL** PORQUE ELE COME FRUTAS E VERDURAS TODOS OS DIAS.

SECADOR

APARELHO USADO PARA SECAR.

TÂNIA SEMPRE USA UM **SECADOR** PARA SECAR OS CABELOS APÓS O BANHO.

SEDENTO

COM MUITA SEDE.

DEPOIS DE CORRER E BRINCAR, ESTAVA **SEDENTO** E, POR ISSO, BEBI BASTANTE ÁGUA.

SEGREDO

FATO SIGILOSO; ALGO QUE É SABIDO POR POUCOS.

GUTO CONTOU UM GRANDE **SEGREDO** PARA SEU AMIGO LINO.

SEMÁFORO

APARELHO DE SINALIZAÇÃO URBANA QUE ORIENTA O TRÁFEGO; SINAL LUMINOSO DE TRÂNSITO.

SÓ DEVEMOS ATRAVESSAR A RUA QUANDO O **SEMÁFORO** ESTIVER VERDE PARA OS PEDESTRES.

SEMEAR

JOGAR SEMENTES SOBRE A TERRA; PLANTAR.

VOVÔ **SEMEOU** FEIJÕES NA FAZENDA E DISSE QUE ELES LOGO CRESCERÃO.

SENTAR

TOMAR ASSENTO; ASSENTAR-SE; FIXAR-SE.

A PROFESSORA PEDIU AOS ALUNOS PARA QUE SE **SENTASSEM** NA AREIA PARA BRINCAR.

SEPARAR

SELECIONAR; APARTAR.

É IMPORTANTE **SEPARAR** O LIXO PARA QUE POSSA SER RECICLADO.

SEREIA

SER IMAGINÁRIO QUE É METADE MULHER E METADE PEIXE.

NO FILME DO CINEMA, A PEQUENA **SEREIA** NADAVA FELIZ ENTRE AS CRIATURAS DO FUNDO DO MAR.

SERVIR

PRESTAR SERVIÇO A; DESEMPENHAR TAREFA; OFERECER.

A GARÇONETE **SERVIU** AS BEBIDAS AOS CLIENTES DO RESTAURANTE.

SILÊNCIO

SOSSEGO; PAZ; TRANQUILIDADE; TOTAL FALTA DE RUÍDOS.

MAMÃE PEDIU **SILÊNCIO**, POIS O BEBÊ ACABARA DE PEGAR NO SONO.

SOBRANCELHA

TIRA DE PELOS ACIMA DOS OLHOS; SUPERCÍLIOS.

QUANDO PAPAI LEVANTA UMA DAS **SOBRANCELHAS**, JÁ SEI QUE ELE ESTÁ BRAVO COM ALGUMA COISA.

SOBREMESA

IGUARIA DOCE; SERVIDA NO FINAL DE UMA REFEIÇÃO.

DEPOIS DO ALMOÇO, COMO **SOBREMESA**, COMEMOS SORVETE DE CHOCOLATE COM BASTANTE CALDA DE CARAMELO.

SOCORRO

AJUDA; AUXÍLIO; ATENDIMENTO.

LINO PRESTOU **SOCORRO** AO AMIGO DELE, LIMPANDO SEU JOELHO FERIDO E FAZENDO UM CURATIVO.

SOLA

PLANTA DO PÉ; PARTE INFERIOR DO SAPATO QUE TOCA O CHÃO.

A MÃE COMPROU-LHE UM PAR DE SAPATOS NOVOS, PORQUE A **SOLA** DO SAPATO ANTIGO ESTAVA GASTA.

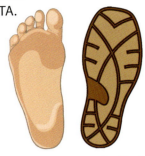

SOLDADO

INDIVÍDUO QUE PRESTA SERVIÇO MILITAR; RECRUTA; MILITAR.

O **SOLDADO** FICOU DE GUARDA NO PORTÃO DO QUARTEL DO EXÉRCITO.

SOMBRINHA

GUARDA-CHUVA FEMININO; PEQUENO GUARDA-CHUVA.

CHOVIA TANTO, QUE A **SOMBRINHA** DE ISADORA MAL DAVA CONTA DE PROTEGÊ-LA.

SONÂMBULO

AQUELE QUE; DURANTE O SONO, LEVANTA-SE; ANDA E FALA.

FIQUEI SURPRESO QUANDO O VOVÔ ME CONTOU QUE ELE ERA **SONÂMBULO**.

SONHAR

TER SONHOS; IMAGINAR; FANTASIAR.

À NOITE, **SONHOU** COM OS PRESENTES QUE GANHARA EM SEU ANIVERSÁRIO.

SONOLENTO

QUE TEM SONO; QUE ESTÁ MEIO ADORMECIDO, MEIO DESPERTO; ENSONADO.

ENQUANTO ESTAVA SENTADO COMENDO, O BEBÊ PARECIA BASTANTE **SONOLENTO**.

SOPA

ALIMENTO LÍQUIDO OU CREMOSO, QUE CONSISTE BASICAMENTE EM UM CALDO (DE CARNE, GALINHA, LEGUMES ETC.).

NO INVERNO, NADA MELHOR DO QUE UM BOM PRATO DE **SOPA** BEM QUENTINHO.

SOPRAR
ASSOPRAR; JOGAR AR PELA BOCA.

LUCAS FEZ UM DESEJO, ENCHEU O PEITO DE AR E **SOPROU** AS VELINHAS DE SEU BOLO DE ANIVERSÁRIO.

SORRIDENTE
QUE SORRI; RISONHO; ALEGRE; FELIZ.

UMA PESSOA **SORRIDENTE** FAZ BONS AMIGOS!

SORVETEIRO
QUEM VENDE SORVETES.

QUANDO VIMOS O **SORVETEIRO** PASSANDO, O CHAMAMOS PARA COMPRARMOS ALGUNS PICOLÉS.

SUAR
TRANSPIRAR; SOLTAR GOTAS DE LÍQUIDO PELOS POROS.

O CALOR ESTAVA DEMAIS E O HOMEM **SUAVA** MUITO ENQUANTO TRABALHAVA.

SUBMARINO
NAVIO QUE SE LOCOMOVE SOB AS ÁGUAS; QUE VIVE NO FUNDO DO MAR.

O **SUBMARINO** PARTIU EM UMA MISSÃO LEVANDO DEZ MARINHEIROS A BORDO.

SUBTERRÂNEO
QUE FICA EMBAIXO DA TERRA; QUE ESTÁ NO INTERIOR DA TERRA.

A TOUPEIRA ESCAVA PARA CONSTRUIR SUA CASA **SUBTERRÂNEA**.

SUCO
LÍQUIDO EXTRAÍDO DE FRUTAS.

MAMÃE FEZ **SUCO** DE LARANJA PARA NÓS TOMARMOS NO ALMOÇO.

SUÉTER
BLUSA DE LÃ FECHADA, USADA DURANTE OS DIAS FRIOS.

VOVÓ TRICOTOU UM **SUÉTER** LISTRADO PARA MIM.

SUJO
QUE TEM SUJEIRA; IMUNDO; QUE NÃO TEM HIGIENE.

O LEITÃO FICOU TODO **SUJO** DEPOIS DO DIVERTIDO BANHO DE LAMA.

SUPERMERCADO

GRANDE ESTABELECIMENTO COMERCIAL ONDE ESTÃO À VENDA MERCADORIAS VARIADAS (GÊNEROS ALIMENTÍCIOS, DE LIMPEZA DOMÉSTICA E HIGIENE PESSOAL, BEBIDAS, ARTIGOS PARA A CASA ETC.).

GOSTO DE IR AO **SUPERMERCADO** COM A MAMÃE PARA AJUDÁ-LA A FAZER AS COMPRAS DA CASA.

SURDO-MUDO

QUE NÃO OUVE NEM FALA.

MEU AMIGO É **SURDO-MUDO**, ENTÃO NOS COMUNICAMOS USANDO A LINGUAGEM DE SINAIS.

SURFISTA

QUEM PRATICA SURFE.

O **SURFISTA** VENCEU O CAMPEONATO, ENFRENTANDO ONDAS DE ATÉ 12 METROS DE ALTURA.

SURPRESA

ALGO IMPREVISTO, INESPERADO.

A **SURPRESA** FOI GRANDE AO ABRIR A CAIXA E VER UM BONECO SALTAR DE DENTRO DELA.

SUSTO

MEDO; SOBRESSALTO; TEMOR.

PAPAI LEVOU UM BAITA **SUSTO** AO SABER DO NOVO PREÇO DA GASOLINA.

T t

TABUADA
TÁBUA DAS QUATRO OPERAÇÕES FUNDAMENTAIS ENTRE OS NÚMEROS DE UM A DEZ.

HOJE NA AULA DE MATEMÁTICA APRENDEMOS A **TABUADA** DE 4.

TABULEIRO
QUADRADO COM QUADRADINHOS PARA O JOGO DE XADREZ, DAMAS, LUDO, ENTRE OUTROS.

O **TABULEIRO** DE XADREZ ESTAVA EM CIMA DA MESINHA DA SALA.

TACO
OBJETO FINO E COMPRIDO, FEITO DE MADEIRA, PARA REBATER BOLAS NO BEISEBOL.

MEU IRMÃO COMPROU UM **TACO** NOVO PARA JOGAR BEISEBOL.

TAGARELAR
FALAR DEMAIS; FALAR O TEMPO TODO.

PEDRINHO LEVOU UMA BRONCA DA PROFESSORA PORQUE **TAGARELOU** O TEMPO TODO DURANTE A AULA.

TALENTO
GRANDE HABILIDADE PARA FAZER ALGO.

ALGUMAS CRIANÇAS POSSUEM GRANDE **TALENTO** PARA A MÚSICA.

TALHER
UTENSÍLIO USADO PARA COMER, COMO: FACA, GARFO E COLHER.

AJUDEI A MAMÃE, COLOCANDO OS **TALHERES** NA MESA PARA O ALMOÇO.

TAMANDUÁ

MAMÍFERO DAS MATAS BRASILEIRAS, QUE SE ALIMENTA DE FORMIGAS.

O **TAMANDUÁ** ANDAVA PELA MATA À PROCURA DE FORMIGAS PARA O JANTAR.

TAMBOR

INSTRUMENTO DE PERCUSSÃO DE FORMA CILÍNDRICA, TOCADO COM AS MÃOS OU BAQUETAS, QUE PRODUZ SOM DE ACORDO COM O SEU TAMANHO E SUA AFINAÇÃO.

O BEBÊ GANHOU UM **TAMBOR** DE BRINQUEDO E AGORA NÃO PARA DE TOCÁ-LO.

TANGERINA

MEXERICA; BERGAMOTA; FORMOSA.

NA FAZENDA DO VOVÔ HÁ MUITOS PÉS DE **TANGERINA**.

TANQUE

VEÍCULO BLINDADO PRÓPRIO PARA A GUERRA.

VIMOS UM **TANQUE** ANTIGO DE GUERRA NA EXPOSIÇÃO DO MUSEU.

TAPAR

FECHAR; COBRIR; VEDAR.

TAPEI MEUS OLHOS QUANDO ANDEI DE MONTANHA RUSSA, POIS TENHO MEDO DE ALTURA.

TAPETE

PEÇA DECORATIVA DE TECIDO PARA COLOCAR NOS ASSOALHOS.

O CACHORRO DORMIA TRANQUILO SOBRE O **TAPETE** DA SALA DE TV.

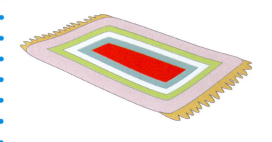

TAPIOCA

IGUARIA FEITA COM GOMA DE MANDIOCA, COM RECHEIOS SALGADOS OU DOCES.

DE VEZ EM QUANDO A MAMÃE PREPARA **TAPIOCA** PARA O LANCHE DA TARDE.

TAREFA

DEVER ESCOLAR; TRABALHO.

ANTES DE SAIR PARA BRINCAR, SEMPRE FAÇO MINHA **TAREFA** DE CASA.

TÁXI

VEÍCULO QUE TRANSPORTA PASSAGEIROS MEDIANTE PAGAMENTO.

CHAMAMOS UM **TÁXI** PARA NOS LEVAR ATÉ O AEROPORTO.

TCHAU!
SAUDAÇÃO PARA DESPEDIDA; ATÉ LOGO! ATÉ MAIS!

TCHAU! VOU PARA A ESCOLA, MAS DAQUI A POUCO JÁ VOLTO.

TECLADO
SUPORTE, APETRECHO OU PARTE DA MÁQUINA EM QUE SE AGRUPAM TECLAS.

O **TECLADO** DO COMPUTADOR ESTAVA UM POUCO EMPOEIRADO.

TEIA
REDE QUE A ARANHA TECE PARA PEGAR SUAS PRESAS; TRAMA.

A ARANHA TECIA SUA **TEIA** COM CAPRICHO E PACIÊNCIA.

TELEFÉRICO
CABINE SUSPENSA POR CABOS PARA TRANSPORTAR PESSOAS OU CARGAS; BONDINHO.

QUANDO FOMOS AO CHILE, ANDAMOS DE **TELEFÉRICO** E LÁ DE CIMA VIMOS A NEVE.

TELEFONAR
CONVERSAR POR MEIO DE TELEFONE.

MAMÃE **TELEFONOU** PARA A VOVÓ E AVISOU QUE A VISITARÍAMOS NO FIM DE SEMANA.

TELESCÓPIO
APARELHO ÓPTICO PRÓPRIO PARA OBSERVAR A GRANDES DISTÂNCIAS.

NO PASSEIO DA ESCOLA AO OBSERVATÓRIO, OBSERVEI UM COMETA PELO **TELESCÓPIO**.

TELEVISÃO
APARELHO RECEPTOR DE IMAGENS TELEVISIONADAS; TELEVISOR; TV.

ACHO QUE PRECISAMOS COMPRAR UMA **TELEVISÃO** NOVA LÁ PARA CASA.

TELHADO
PARTE EXTERIOR E SUPERIOR QUE COBRE UMA EDIFICAÇÃO; COBERTURA FEITA COM TELHAS.

MEU VIZINHO ESTÁ REFORMANDO O **TELHADO** DA CASA DELE.

TEMPESTADE

TROVOADA; AGITAÇÃO VIOLENTA DO AR PELO VENTO, COM CHUVAS FORTES E TROVÕES.

UMA FORTE **TEMPESTADE** SE APROXIMAVA, DEIXANDO O MAR BASTANTE AGITADO.

TENTAÇÃO

DESEJO INTENSO; DISPOSIÇÃO PARA FAZER ALGO PROIBIDO.

O RATO SABE QUE NÃO DEVE PEGAR O QUEIJO PARA NÃO CAIR NA RATOEIRA, MAS A **TENTAÇÃO** É GRANDE E ELE NÃO RESISTE.

TERMÔMETRO

APARELHO USADO PARA MEDIR A TEMPERATURA.

A MÃE UTILIZOU O **TERMÔMETRO** PARA SABER SE O BEBÊ ESTAVA COM FEBRE.

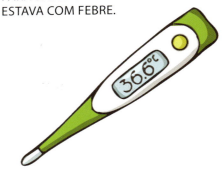

TERNO

CONJUNTO DE VESTIMENTA FORMADO POR CALÇA, PALETÓ E, ÀS VEZES, COLETE.

PAPAI COLOCOU SEU MELHOR **TERNO** PARA IR À ENTREVISTA DE EMPREGO.

TERNURA

CARINHO; AFETO; AFEIÇÃO; MEIGUICE.

É TÃO BONITO VER A **TERNURA** DE UM SER HUMANO PARA O OUTRO.

TERRA

O NOSSO PLANETA; A PARTE SÓLIDA DO PLANETA.

A PROFESSORA NOS EXPLICOU QUE A **TERRA** É O PLANETA ONDE MORAMOS.

TESOURA

UTENSÍLIO USADO PARA CORTAR, FORMADO POR DUAS LÂMINAS DE AÇO QUE SE MOVEM EM CRUZ, UNIDAS NUM EIXO.

LEVEI COLA, **TESOURA** E PAPEL PARA A AULA DE EDUCAÇÃO ARTÍSTICA.

TESOURO

MUITO DINHEIRO OU OBJETOS VALIOSOS.

OS PIRATAS ENCONTRARAM O BAÚ DO **TESOURO** ESCONDIDO NA ILHA DA MAGIA.

TESTA

FRONTE; PARTE DIANTEIRA DA CABEÇA.

MAMÃE PASSA CREME NA **TESTA** ANTES DE DORMIR.

TEXUGO

MAMÍFERO NORTE-AMERICANO, COM HÁBITOS NOTURNOS, QUE SE ALIMENTA DE FRUTOS E PEQUENOS ANIMAIS.

O **TEXUGO** PASSEAVA ENTRE AS ÁRVORES NA FLORESTA À PROCURA DE COMIDA.

TIGELA

RECIPIENTE; VASILHAME DE BARRO OU OUTRO MATERIAL PARA USO DOMÉSTICO.

MAMÃE PREPAROU UMA **TIGELA** COM LEITE E CEREAIS PARA MIM NO CAFÉ DA MANHÃ.

TIMÃO

BARRA DO LEME DOS NAVIOS; DIREÇÃO.

DURANTE A TEMPESTADE, O CAPITÃO SEGURAVA O **TIMÃO** COM FORÇA PARA CONDUZIR O NAVIO.

TIME

CONJUNTO DE JOGADORES; GRUPO DE PESSOAS QUE FAZ UMA PARTIDA; EQUIPE.

O **TIME** ESTAVA ANIMADO E TINHA CERTEZA DE QUE GANHARIA O JOGO.

TÍMIDO

ACANHADO; INSEGURO; RECEOSO; QUE REVELA EMBARAÇO DIANTE DAS PESSOAS.

O MENINO ESTAVA COM VERGONHA DE ENTRAR NA CLASSE, POIS ERA MUITO **TÍMIDO**.

TINTIM

CUMPRIMENTO QUE SE FAZ COM OS COPOS AO TOMAR UMA BEBIDA.

NO ANO NOVO, SEMPRE VEJO OS ADULTOS FAZENDO **TINTIM** COM SUAS TAÇAS.

TOBOGÃ

PISTA ONDULADA EM DECLIVE SOBRE A QUAL SE PODE DESLIZAR NUM PARQUE DE DIVERSÕES.

CONSTRUÍRAM UM **TOBOGÃ** MUITO LEGAL LÁ NO PARQUE DA CIDADE.

TOCA

BURACO PARA ABRIGO DE CERTOS ANIMAIS; ESCONDERIJO.

QUANDO PERCEBEU A PRESENÇA DE CAÇADORES, O TATU-BOLA CORREU PARA A **TOCA** DELE.

TOCHA

UTENSÍLIO FORMADO POR UMA HASTE QUE TEM FOGO EM UMA DAS PONTAS, USADO PARA ILUMINAR.

A **TOCHA** OLÍMPICA COSTUMA PASSAR POR VÁRIOS PAÍSES ANTES DAS OLIMPÍADAS COMEÇAREM.

TOMADA

OBJETO NO QUAL SE ENGATA O PLUGUE PARA LIGAR APARELHOS ELÉTRICOS.

EU SEI QUE NÃO DEVO COLOCAR O DEDO NA **TOMADA**, SENÃO LEVAREI UM CHOQUE.

TOMATE

FRUTO DO TOMATEIRO.

A MAMÃE DISSE QUE PODEMOS COMER O **TOMATE** DE VÁRIAS FORMAS, NÃO SÓ NA SALADA.

TOMBO

QUEDA; IDA AO CHÃO.

A MENINA MACHUCOU O JOELHO DEPOIS DE LEVAR UM **TOMBO**.

TONTO

QUE TEM OU SENTE TONTURAS; QUE NÃO ESTÁ EM SI OU QUE É ATARANTADO, ATÔNITO.

FICOU **TONTA** DEPOIS DE BATER COM A CABEÇA NA PORTA DE VIDRO.

TOPETE

PARTE ALTA DO CABELO NA PARTE DA FRENTE DA CABEÇA; TUFO.

O SUPER-HERÓI TINHA MUITO CUIDADO COM SEU **TOPETE**.

TOPO

CUME; CIMO; PICO; A PONTA MAIS ELEVADA.

DEPOIS DE ALGUNS DIAS DE CAMINHADA, O ALPINISTA FINALMENTE CHEGOU AO **TOPO** DA MONTANHA.

TORCIDA

GRUPO DE TORCEDORES.

A **TORCIDA** ESTAVA BASTANTE ANIMADA PORQUE ERA A FINAL DO CAMPEONATO.

TORNADO

NUVEM EM FORMA DE CONE INVERTIDO QUE GIRA VELOZMENTE, TOCANDO O CHÃO E DESTRUINDO TUDO POR ONDE PASSA.

UM FORTE **TORNADO** PASSOU PELA CIDADE, LEVANDO TUDO O QUE ENCONTRAVA PELA FRENTE.

TORNEIO

COMPETIÇÃO ESPORTIVA ENTRE DIVERSOS CONCORRENTES; DISPUTA.

O **TORNEIO** DE FUTEBOL DA ESCOLA REUNIU ALUNOS DA MANHÃ E DA TARDE.

TORNEIRA

PEÇA COM UM REGISTRO, ADAPTADA A UM CANO, TUBO OU RECIPIENTE, USADA PARA RETER OU DEIXAR SAIR ÁGUA.

DEVEMOS SEMPRE FECHAR BEM A **TORNEIRA** PARA EVITAR O DESPERDÍCIO DE ÁGUA.

TORTA

BOLO; IGUARIA CULINÁRIA COM COBERTURA E RECHEIO, DOCE OU SALGADA.

NINGUÉM FAZ UMA **TORTA** TÃO DELICIOSA COMO A DA VOVÓ.

TOUCA

PEÇA DE LÃ OU OUTRO MATERIAL USADA PARA COBRIR A CABEÇA.

FUI PARA A ESCOLA USANDO UMA **TOUCA**, POIS ESTAVA MUITO FRIO.

TRÁFEGO

NO TRÂNSITO, MOVIMENTO OU FLUXO DE VEÍCULOS.

O GUARDA DE TRÂNSITO TRABALHA PARA MANTER A ORDEM NO **TRÁFEGO** DOS CARROS NAS RUAS.

TRAMPOLIM

PRANCHA INSTALADA NA BORDA DA PISCINA QUE SERVE PARA OS NADADORES PULAREM NA ÁGUA.

O ATLETA OLHOU PARA BAIXO, SE CONCENTROU POR ALGUNS SEGUNDOS E DEPOIS PULOU DO **TRAMPOLIM**.

TRANÇA

TIPO DE PENTEADO EM QUE OS CABELOS SÃO ENTRELAÇADOS E AMARRADOS.

A MÃE DE LAURA FEZ-LHE **TRANÇAS** NOS CABELOS E ELA FICOU MUITO BONITA.

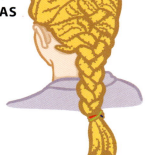

TRAPEZISTA

QUEM FAZ NÚMERO DE TRAPÉZIO NO CIRCO.

NO CIRCO, O **TRAPEZISTA** SURPREENDIA A TODOS COM SUAS ACROBACIAS E AGILIDADE.

TRATOR

VEÍCULO MOTORIZADO QUE SE MOVE SOBRE RODAS OU ESTEIRAS DE AÇO PARA OPERAR EQUIPAMENTOS AGRÍCOLAS, DE TERRAPLENAGEM ETC.

O **TRATOR** DO VOVÔ É ÚTIL PARA REALIZAR OS TRABALHOS MAIS DIFÍCEIS NA FAZENDA.

TRAVE

ARMAÇÃO QUE PRENDE A REDE DO GOL EM ESPORTES COMO O FUTEBOL E O HANDEBOL.

O GOLEIRO PRECISA FICAR ATENTO PARA QUE A BOLA DO TIME ADVERSÁRIO NÃO ENTRE NA **TRAVE**.

TRAVESSEIRO

TIPO DE ALMOFADA USADA PARA APOIAR A CABEÇA AO DORMIR.

TENHO DOIS **TRAVESSEIROS** NA MINHA CAMA: UM PARA MIM E OUTRO PARA O MEU URSINHO.

TREINADOR

QUEM TREINA, PREPARA, CAPACITA ALGUÉM PARA UMA ATIVIDADE.

O **TREINADOR** DEU AS ÚLTIMAS INSTRUÇÕES AO TIME ANTES DA PARTIDA COMEÇAR.

TREM

VAGÕES PUXADOS POR UMA LOCOMOTIVA, CORRENDO SOBRE TRILHOS METÁLICOS.

A VIAGEM DE **TREM** DUROU UMA HORA E MEIA E FOI MUITO LEGAL.

TREMER

ARREPIAR-SE; MEXER O CORPO TODO.

NÃO CONSEGUIA PARAR DE **TREMER** POR CAUSA DO FRIO INTENSO QUE FAZIA NAQUELA NOITE.

TRENÓ

VEÍCULO USADO PARA DESLIZAR SOBRE A NEVE; PUXADO POR CÃES OU RENAS.

OS CÃES PUXAVAM O **TRENÓ** COM O ESQUIMÓ SOBRE A NEVE BRANQUINHA.

TRICOTAR

FAZER TRICÔ; ENTRELAÇAR FIOS DE LÃ.

ENQUANTO ASSISTIA À TV, MAMÃE **TRICOTAVA** UM LINDO CASACO PARA MINHA IRMÃ.

TRISTE

SEM ALEGRIA; TRISTONHO; QUE SENTE TRISTEZA.

JUCA ESTAVA **TRISTE** PORQUE SEU CACHORRO HAVIA FUGIDO DE CASA.

TROFÉU

TAÇA; OBJETO DADO COMO CONFIRMAÇÃO DE UMA VITÓRIA.

O TIME VENCEU O CAMPEONATO E GANHOU O **TROFÉU** DE CAMPEÃO ESTADUAL.

TROMBA

PROLONGAMENTO DO NARIZ DE CERTOS ANIMAIS.

O ELEFANTE BRINCAVA ASPIRANDO ÁGUA COM SUA **TROMBA** E ESPIRRANDO-A PARA CIMA.

TRONCO

A PARTE DA ÁRVORE DA RAIZ AOS GALHOS.

O **TRONCO** DA ÁRVORE ABRIGAVA, EM SEU INTERIOR, UMA FAMÍLIA DE ESQUILOS.

TROPEÇAR

BATER COM O PÉ, SEM QUERER, EM UM OBSTÁCULO.

JOÃO VINHA TÃO DISTRAÍDO PELO CAMINHO QUE **TROPEÇOU** EM UMA PEDRA E CAIU.

TRUQUE

AÇÃO QUE VISA ILUDIR, ENGANAR; MÁGICA.

NO MEU ANIVERSÁRIO, TINHA UM MÁGICO QUE FAZIA **TRUQUES** INCRÍVEIS.

TUBARÃO

TIPO DE PEIXE GRANDE DOS MARES; PREDADOR.

O SALVA-VIDAS ALERTOU PARA O PERIGO DE **TUBARÕES** NA ÁGUA DO MAR.

TUCANO

AVE DE PENAS COLORIDAS E BICO GRANDE E FORTE.

DO ALTO DA ÁRVORE, O **TUCANO** PODIA OBSERVAR A FLORESTA INTEIRA.

TÚNEL

PASSAGEM ABERTA NO MEIO DE UMA MONTANHA; CAMINHO SUBTERRÂNEO.

A CAMINHO DA PRAIA, ATRAVESSAMOS UM GRANDE **TÚNEL**.

TURISTA

QUEM FAZ TURISMO; QUE VISITA LUGARES DIFERENTES; QUE PASSEIA.

A **TURISTA** EMBARCOU NO NAVIO CARREGANDO APENAS UMA MALA.

U u
U u

UFA!
INDICA CANSAÇO, DESABAFO, SATISFAÇÃO OU ALÍVIO.

O MÉDICO ME EXAMINOU E ESTÁ TUDO BEM, **UFA!**

ÚLTIMO
QUE SE SITUA OU VEM DEPOIS DE TODOS OS DEMAIS NUMA SEQUÊNCIA.

PAPAI ERA O **ÚLTIMO** DA FILA E JÁ ESTAVA UM TANTO IMPACIENTE.

UMBIGO
SINAL EXISTENTE NA PARTE EXTERNA DA BARRIGA, DE ONDE CAIU O CORDÃO UMBILICAL.

MAMÃE CONTOU QUE, QUANDO EU NASCI, ESTAVA LIGADA À ELA PELO MEU **UMBIGO**.

UNHA
LÂMINA DURA SOBRE A EXTREMIDADE DOS DEDOS.

A MANICURE PINTOU AS **UNHAS** DA CLIENTE.

UNICÓRNIO

ANIMAL DE CONTOS DE FADAS, COM CORPO DE CAVALO E CABEÇA COM UM CHIFRE COMPRIDO E ENROSCADO.

MINHA IRMÃZINHA ADORA DESENHOS DE **UNICÓRNIO**.

UNIFORME

TIPO DE VESTIMENTA QUE ENTIDADES E ESCOLAS PEDEM QUE TODOS USEM; FARDA.

O **UNIFORME** DO TIME ERA DIFERENTE DE TODOS OS OUTROS QUE EU JÁ TINHA VISTO.

UNIVERSO

COSMOS, O SISTEMA SOLAR.

HOJE A PROFESSORA EXPLICOU QUE O NOSSO PLANETA TERRA FAZ PARTE DO **UNIVERSO**.

URSO

QUADRÚPEDE MAMÍFERO, CARNÍVORO E PELUDO.

EU LI NUM LIVRO QUE **URSOS** GOSTAM MUITO DE COMER MEL.

USAR

SERVIR-SE DE; EMPREGAR; UTILIZAR.

A MENINA **USAVA** UM BELO LAÇO NO CABELO.

V v
V v

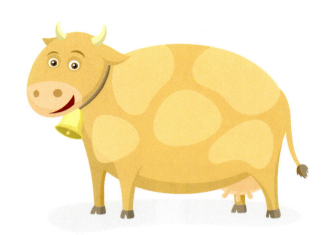

VACINA
REMÉDIO PREVENTIVO CONTRA ALGUMA DOENÇA QUE É APLICADO NAS PESSOAS.

É MUITO IMPORTANTE TOMARMOS **VACINAS** PARA NOS PREVENIR DE DOENÇAS COMO SARAMPO E RUBÉOLA.

VAGAROSO
LERDO; LENTO; MOROSO; DEMORADO.

A TARTARUGA **VAGAROSA** CAMINHAVA COM CALMA E SEM PRESSA DE CHEGAR AO DESTINO DELA.

VAIAR
MANIFESTAÇÃO RUIDOSA DE DESAGRADO DO PÚBLICO.

A TORCIDA **VAIOU** QUANDO O JOGADOR DO TIME MARCOU UM GOL CONTRA.

VALENTÃO
ALGUÉM DADO À VALENTIA; BRIGUENTO; ENCRENQUEIRO.

O GAROTO MAIS VELHO SE ACHAVA O **VALENTÃO** DA ESCOLA E FAZIA *BULLYING* COM OS PEQUENOS.

VALIOSO
PRECIOSO; CARO; DE GRANDE VALIA.

EM SEU ANIVERSÁRIO, MAMÃE GANHOU UM ANEL MUITO **VALIOSO** DE PRESENTE DO PAPAI.

VÂNDALO
DESTRUIDOR; QUEM ESTRAGA ALGO.

ALGUNS **VÂNDALOS** PICHARAM OS MUROS DA ESCOLA NA NOITE PASSADA.

VARAL

ARMAÇÃO FEITA DE ARAMES OU FIOS USADA PARA COLOCAR A ROUPA PARA SECAR.

O VENTO BALANÇAVA AS ROUPAS QUE ESTAVAM PENDURADAS NO **VARAL**.

VARANDA

SACADA; BALCÃO; TERRAÇO.

A **VARANDA** DA CASA TINHA UMA VISTA MARAVILHOSA PARA A PRAIA.

VARRER

LIMPAR USANDO UMA VASSOURA.

MARCINHA **VARRE** AS FOLHAS DA CALÇADA MESMO ANTES DA MÃE PEDIR A ELA.

VAZAMENTO

ATO OU EFEITO DE VAZAR; LOCAL POR ONDE SAI LÍQUIDO.

MAMÃE CHAMOU UM ENCANADOR PARA CONSERTAR O **VAZAMENTO** DO CANO NO JARDIM.

VAZIO

SEM CONTEÚDO.

DEPOIS DE COMER TODA A COMIDA, A MENINA MOSTROU O PRATO **VAZIO** PARA A MÃE.

VEÍCULO

CARRO; AUTOMÓVEL; CONDUÇÃO; TRANSPORTE.

O MECÂNICO DISSE QUE O **VEÍCULO** PRECISARIA DE REPAROS ANTES DA VIAGEM.

VELEJAR

NAVEGAR UM BARCO A VELA.

A FAMÍLIA SILVA DECIDIU **VELEJAR** PELO MUNDO DURANTE ALGUNS ANOS.

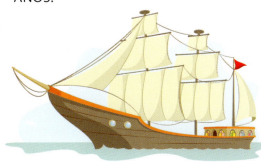

VELHICE

SITUAÇÃO DE QUEM ESTÁ VELHO, COM IDADE AVANÇADA.

VOVÔ E VOVÓ DIZEM QUE A **VELHICE** É A MELHOR PARTE DA VIDA DELES.

VELOCÍPEDE

TRICICLO; VEÍCULO INFANTIL DE TRÊS RODAS.

NO NATAL GANHEI UM **VELOCÍPEDE** DE PRESENTE DOS MEUS PAIS.

VELOZ

LIGEIRO; CÉLERE; RÁPIDO.

CACÁ É TÃO **VELOZ** QUE NINGUÉM CONSEGUE VENCÊ-LA NUMA CORRIDA.

VENCER

DOMINAR; GANHAR O JOGO; SER VENCEDOR.

DUDU ESTAVA FELIZ PORQUE ELE CONSEGUIU **VENCER** A MINIMARATONA NA ESCOLA.

VERDURA

HORTALIÇA; VEGETAL.

COMER **VERDURAS** TODOS OS DIAS FAZ PARTE DE UMA ALIMENTAÇÃO SAUDÁVEL.

VERRUGA

PEQUENA SALIÊNCIA NA PELE.

A BRUXA HORRENDA TINHA UM NARIZ GRANDE COM UMA **VERRUGA** NA PONTA.

VESGO

QUEM TEM UM OU OS DOIS OLHOS COM DESVIO; ESTRÁBICO.

JOÃO É **VESGO**, POR ISSO FARÁ UMA CIRURGIA PARA CORRIGIR O ESTRABISMO.

VESPA

INSETO COM ASAS QUE TEM UM FERRÃO NO ABDOME.

SAÍMOS CORRENDO DEPOIS DE VER UMA **VESPA** RONDANDO NO JARDIM.

VESTIDO

ROUPA FEMININA QUE TEM UMA ÚNICA PEÇA EM FORMA DE SAIA E BLUSA.

LISA FOI À FESTA USANDO UM LINDO **VESTIDO** DE PRINCESA.

VETERINÁRIO

MÉDICO QUE CUIDA DOS ANIMAIS.

MEU GATINHO ESTAVA DOENTE, ENTÃO O LEVAMOS ATÉ O **VETERINÁRIO**.

VIAGEM

DESLOCAMENTO DE UM LUGAR A OUTRO; EXCURSÃO.

ENTRAMOS TODOS NO CARRO E PARTIMOS EM NOSSA **VIAGEM** RUMO ÀS FÉRIAS NA PRAIA.

VIBRAR

SENTIR OU DEMONSTRAR GRANDE ALEGRIA OU ENTUSIASMO.

MEU IRMÃO **VIBROU** AO SABER QUE TINHA CONSEGUIDO PASSAR NO VESTIBULAR.

VIDEOGAME

APARELHO ELETRÔNICO COM JOGOS.

OS AMIGOS SE DIVERTEM JOGANDO *VIDEOGAME*.

VIGIAR

ESTAR ATENTO, ALERTA, PRONTO; CUIDAR; OBSERVAR; ESPREITAR.

NA PORTA DO BANCO, O GUARDA **VIGIA** E CUIDA DA SEGURANÇA DOS CLIENTES.

VIOLINO

INSTRUMENTO COM CORDAS QUE É TOCADO COM UM ARCO.

LAURINHA ESTÁ APRENDENDO A TOCAR **VIOLINO** NA ESCOLA DE MÚSICA.

VIRA-LATA

CACHORRO SEM RAÇA DEFINIDA.

ALGUNS DIZEM QUE UM CÃO **VIRA-LATA** PODE SER UM EXCELENTE CÃO DE GUARDA.

VIZINHO

QUEM MORA PERTO, PRÓXIMO.

O **VIZINHO** PLANTOU VÁRIAS ÁRVORES NO QUINTAL DELE.

VOAR

DESLOCAR-SE COM A AJUDA DE ASAS; FLUTUAR; VIAJAR DE AVIÃO.

O AVIÃO PASSOU **VOANDO** PERTO DA MONTANHA E ISSO ASSUSTOU OS PASSAGEIROS.

VOLEIBOL

ESPORTE PRATICADO POR DOIS TIMES, SEPARADOS POR UMA REDE, QUE DEVEM PASSAR A BOLA DE UM LADO PARA O OUTRO; VÔLEI.

O PROFESSOR DIVIDIU OS ALUNOS EM DUAS EQUIPES PARA JOGAREM **VOLEIBOL**.

VULCÃO

ABERTURA NO TOPO DE CERTOS MONTES COM LIGAÇÃO COM O CENTRO DA TERRA, DE ONDE SAEM LAVA E FUMAÇA.

A CIDADE ESTAVA EM PÂNICO POR CAUSA DO **VULCÃO** QUE ENTRARA EM ERUPÇÃO.

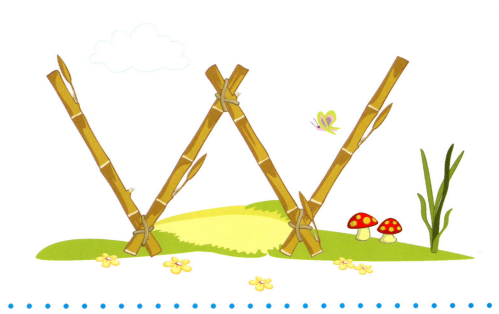

WEB

NOME PELO QUAL A REDE MUNDIAL DE COMPUTADORES, A INTERNET, SE TORNOU CONHECIDA A PARTIR DE 1991.

NA **WEB** É POSSÍVEL PESQUISAR SOBRE VÁRIOS ASSUNTOS INTERESSANTES.

WINDSURFE

ESPORTE AQUÁTICO PRATICADO POR UMA SÓ PESSOA SOBRE PRANCHA EQUIPADA COM VELA.

O CAMPEONATO MUNDIAL DE **WINDSURFE** REUNIU ATLETAS DE VÁRIOS PAÍSES.

X x
X x

XADREZ

JOGO DE TABULEIRO COM 32 PEÇAS, JOGADO POR 2 PESSOAS, O QUAL É DISPUTADO DE FORMA ESTRATÉGICA E COM INTENSO RACIOCÍNIO LÓGICO.

OS MENINOS JOGAVAM **XADREZ** TODOS OS DOMINGOS À TARDE.

XAMPU

LÍQUIDO USADO PARA LAVAR OS CABELOS.

A CRIANÇA LAVAVA OS CABELOS COM **XAMPU**, SEM RECLAMAR DE NADA.

XAROPE

MEDICAMENTO LÍQUIDO E ADOCICADO UTILIZADO PARA CURAR A TOSSE.

O MÉDICO RECEITOU UM **XAROPE** PARA O MENINO QUE ESTAVA COM MUITA TOSSE.

XERIFE

CHEFE DE POLÍCIA; DELEGADO.

O **XERIFE** ERA RESPONSÁVEL POR MANTER A ORDEM NA PEQUENA CIDADE.

XILOFONE

O XILOFONE É UM INSTRUMENTO MUSICAL DE PERCUSSÃO, FEITO DE PEÇAS DE MADEIRA E DE METAL.

FIQUEI MUITO FELIZ QUANDO O PAPAI ME DEU UM **XILOFONE** DE PRESENTE!

89

XÍCARA

PEQUENO RECIPIENTE COM ASA USADO PARA SERVIR CAFÉ E CHÁ.

UMA BOA **XÍCARA** DE CAFÉ FAZ PARTE DA PRIMEIRA REFEIÇÃO DO DIA.

XINGAR

AGREDIR VERBALMENTE; INSULTAR.

O DIRETOR DA ESCOLA FOI SUSPENSO POR **XINGAR** O ALUNO.

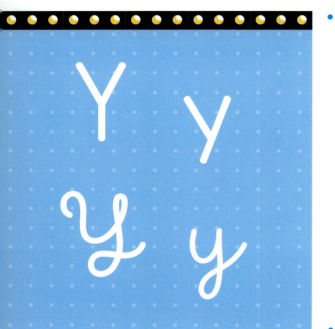

YORKSHIRE

YORKSHIRE TERRIER, TAMBÉM CHAMADA YORK OU YORKIE, É UMA RAÇA CANINA DE PEQUENO PORTE DO GRUPO DOS TERRIERS, ORIGINÁRIA DO CONDADO DE YORKSHIRE NA INGLATERRA.

LEVEI O MEU **YORKSHIRE** AO *PET SHOP* PARA RECEBER BANHO E TOSA.

YAKISOBA

PRATO DA CULINÁRIA CHINESA COM MACARRÃO, LEGUMES, VERDURAS E ALGUM TIPO DE CARNE.

FOMOS À CASA DA TITIA E ELA PREPAROU **YAKISOBA** PARA O JANTAR.

90

Z z
𝒵 𝓏

ZANGADO
QUE SE ZANGOU; SE ABORRECEU; IRRITADO.

MEU IRMÃO FICOU **ZANGADO** PORQUE EU COMI TODOS OS BISCOITOS DO PACOTE.

ZEBRA
MAMÍFERO DE PELAGEM LISTRADA DE PRETO E BRANCO, QUE VIVE NA ÁFRICA.

A **ZEBRA** É UM PARENTE DO CAVALO.

ZELOSO
CHEIO DE ZELO; CUIDADOSO; DEDICADO.

PAPAI É MUITO **ZELOSO** COM A VOVÓ, POIS ELA PRECISA DE CUIDADOS ESPECIAIS.

ZIGUE-ZAGUE
LINHA QUE QUEBRA ORA DE UM LADO, ORA DO OUTRO.

O CARRO ESTAVA SEM CONTROLE, ANDANDO EM **ZIGUE-ZAGUE** PELA PISTA.

ZÍPER
FECHO PARA BOLSAS E ROUPAS; FECHO ECLER.

NÃO PODIA FECHAR A MOCHILA PORQUE O **ZÍPER** ESTAVA EMPERRADO.

ZOMBAR
RIR-SE DE; CAÇOAR; DEBOCHAR.

A CRIANÇA MALVADA **ZOMBOU** DO COLEGUINHA NA ESCOLA.

ÍNDICE

A

ABAJUR	05
ABRAÇAR	05
ACADEMIA	05
ACOMPANHAR	05
ACORDADO	05
ADESTRAR	06
ADMIRADA	06
ADOÇÃO	06
ADOECER	06
AEROMOÇA	06
AFETO	06
AGRADECER	06
AJUDAR	06
ALEGRE	07
ALFABETO	07
ALPINISTA	07
ALTO-FALANTE	07
AMARELINHA	07
AMBULÂNCIA	07
AMIZADE	07
ANÃO	07
ANCIÃO	08
ANJO DA GUARDA	08
APETITE	08
APLAUDIR	08
AQUARELA	08
ARBUSTO	08
ARCO-ÍRIS	08
ARRANHA-CÉU	08
ASPIRADOR	09
ASSUSTADOR	09
ASTRONAUTA	09
ASTÚCIA	09
ATLETA	09
AVENTAL	09
AXILA	09

B

BAILARINA	10
BALANÇO	10
BALEIA	10
BAMBOLÊ	10
BANDA	11
BANGUELA	11
BANHO	11
BARBEAR	11
BARRACA	11
BARRIGUDO	11
BARULHENTO	11
BAÚ	11
BEBÊ	11
BEIJOCA	12
BELICHE	12
BEM-EDUCADO	12
BIBLIOTECA	12
BICOLOR	12
BILÍNGUE	12
BOCEJAR	12
BOCHECHA	12
BOLA DE GUDE	12
BOLICHE	13
BOMBOM	13
BRIGADEIRO	13
BRIGUENTO	13
BRINCAR	13
BRUXA	13
BULLYING	13
BÚSSOLA	13

C

CACHECOL	14
CACHORRO-QUENTE	14
CADEIRANTE	14
CALCULADORA	14
CALENDÁRIO	14
CAMPEÃO	14
CANTAROLAR	15
CARDUME	15
CARRETA	15
CARTEIRO	15
CASAMENTO	15
CAUBÓI	15
CHORÃO	15
CICLISMO	15
COCHILAR	15
COLABORAR	16
COLORIR	16
COMEMORAR	16
COMER	16
COMILÃO	16
COMPANHEIRO	16
COMPARTILHAR	16
COMPUTADOR	16
CONSULTA	16
CONVERSAR	17
CONVESCOTE	17
CORTAR	17
COZINHEIRO	17
CRIADO-MUDO	17
CRIATIVO	17
CRONÔMETRO	17
CUMPRIMENTAR	17
CURATIVO	17

D

DADO	18
DEDICAÇÃO	18
DENGUE	18
DENTISTA	18
DESAMARRADO	19
DESCABELADO	19
DESCULPAR	19
DESENHAR	19
DESERTO	19
DESTEMIDO	19
DESVIO	19
DETETIVE	19
DEVORAR	20
DIA	20
DICIONÁRIO	20
DIGITAR	20
DINOSSAURO	20
DIRIGIR	20
DISTANTE	20
DIVERTIDO	21
DOMINÓ	21
DORMINHOCO	21
DRAGÃO	21
DRIBLE	21
DÚZIA	21

E

EDIFÍCIO	22
EGOÍSTA	22
EMBURRADO	22
ENCANADOR	22
ENGATINHAR	22
ENSINAR	22
ENSOLARADO	23
ENTEDIADO	23
ENTUSIASMO	23
EQUIPE	23
ESBELTO	23
ESCORREGAR	23
ESCOVAR	23
ESCREVER	23
ESCRIVANINHA	23
ESCUTAR	24
ESPANTALHO	24
ESPERTO	24
ESQUIMÓ	24
ESTÁBULO	24
ESTRESSADO	24
ESTUDAR	24
EXAGERADO	25
EXAMINAR	25
EXERCÍCIO	25
EXPLORAR	25
EXPLOSÃO	25

F

FADA	26
FAMÍLIA	26
FAMOSO	26

FAZENDA 26	HIDRATAR 34	LABIRINTO 41
FELICIDADE 26	HIPOPÓTAMO 34	LAGARTIXA 41
FELIZ 26	HORA 34	LÁGRIMA 41
FÉRIAS 27	HORRENDO 34	LAMBER 41
FESTANÇA 27	HORTA 34	LAMBUZAR 42
FILA 27	HOSPITAL 34	LANCHAR 42
FILHOTE 27	HOTEL 34	LAVAR 42
FLAUTA 27		LEGUME 42
FOCA 27	**I** • • • • • • • • • • • •	LEITURA 42
FOCINHO 27		LHAMA 42
FOGUEIRA 27	IDEIA 35	LIMONADA 43
FOLHEAR 28	IGLU 35	LISTA 43
FONTE 28	IGUAL 35	LIVRARIA 43
FORMATURA 28	ILHA 35	LOBO 43
FORMIGUEIRO 28	ILUSTRAÇÃO 35	LOCOMOTIVA 43
FORTUNA 28	ÍMÃ 35	LUA 43
FOTÓGRAFO 28	IMAGINAÇÃO 36	
FRASCO 29	INCÊNDIO 36	**M** • • • • • • • • • • • •
FRITAR 29	INCHADO 36	
FRITAS 29	INCOMODAR 36	MAESTRO 44
FURACÃO 29	INFELIZ 36	MÁGICO 44
FUTEBOL 29	INFLAMÁVEL 36	MAGRICELA 44
FUTURO 29	INTELIGENTE 36	MALABARISMO 44
	INVERNO 36	MALCHEIROSO 45
G • • • • • • • • • • • •	INVERTEBRADO 36	MALDADE 45
	IOGA 37	MAL-EDUCADO 45
GAIOLA 30	IOGURTE 37	MAPA-MÚNDI 45
GANGORRA 30	IOIÔ 37	MARIMBONDO 45
GARGALHAR 30	IRREAL 37	MARINHEIRO 45
GARGANTA 30	IRRIGAR 37	MASTIGAR 45
GARI 30	IRRITADO 37	MATEMÁTICA 45
GAROTO 30	ISCA 37	MECÂNICO 45
GAVIÃO 31	ISOLADO 37	MENDIGO 46
GELADEIRA 31		MENTIR 46
GENEROSO 31	**J** • • • • • • • • • • • •	MERENDA 46
GENTIL 31		MERGULHAR 46
GIGANTE 31	JACARÉ 38	METADE 46
GINÁSTICA 31	JANTAR 38	METRÔ 46
GIRASSOL 31	JAPONÊS 38	MISTO-QUENTE 46
GLACÊ 31	JAQUETA 38	MOCHILA 47
GOTEJAR 31	JARDINEIRA 39	MOCHILEIRO 47
GRÁVIDA 32	JOANINHA 39	MUITO 47
GRITAR 32	JÓQUEI 39	MULTIDÃO 47
GRUPO 32	JOVEM 39	MURMURAR 47
GUARDA-PÓ 32	JUDOCA 39	MUSCULAÇÃO 47
GUIDÃO 32	JUNINO 39	MUSEU 47
GULOSEIMA 32		MÚSICO 47
GULOSO 32	**K** • • • • • • • • • • • •	
		N • • • • • • • • • • • •
H • • • • • • • • • • • •	KARATÊ 40	
	KART 40	NADAR 48
HABILIDOSO 33	*KETCHUP* 40	NARIGUDO 48
HAMBÚRGUER 33	*KIT* 40	NATALINO 48
HARAS 33	*KILT* 40	NATUREZA 48
HELICÓPTERO 33	*KIWI* 40	NAVIO 49
HERÓI 33		NENÉM 49
HIBERNAR 34	**L** • • • • • • • • • • • •	NETO 49
HIDRANTE 34		NEVE 49

NHOQUE	49
NINHADA	49
NÓ	50
NORTE-AMERICANO	50
NOSTALGIA	50
NOZ	50
NUBLADO	50
NUVEM	50

O

OBEDECER	51
OBSERVAR	51
OCA	51
OCEANO	51
ÓCULOS	51
OFEGANTE	51
OFICINA	52
OLHAR	52
ONDA	52
ÔNIBUS	52
ORAR	52
ORDENHAR	52
ORQUESTRA	52
OUTONO	52

P

PACOTE	53
PADEIRO	53
PALÁCIO	53
PALHAÇO	53
PANDORGA	53
PANGARÉ	53
PAPAGAIO	54
PAPEL DE PAREDE	54
PARAQUEDAS	54
PASSEIO	54
PASTEL	54
PATINAR	54
PAVÃO	54
PEDALAR	54
PEDALINHO	54
PEGADA	55
PEIXE	55
PELICANO	55
PENICO	55
PENTEAR	55
PERDOAR	55
PERFUME	55
PERIGOSO	55
PESCARIA	55
PETECA	56
PIÃO	56
PICOLÉ	56
PIJAMA	56
PILOTO	56
PINGUE-PONGUE	56

PIPOCA	56
PIQUENIQUE	56
PIRATA	56
PISCINA	57
PISTA	57
PLANTAR	57
POÇO	57
POLTRONA	57
PÔNEI	57
PONTAPÉ	57
PÔR DO SOL	57
PORQUINHO-DA-ÍNDIA	57
PRAIA	58
PRATELEIRA	58
PREGUIÇOSO	58
PRESENTEAR	58
PROFESSOR	58
PROTEGER	58
PULAR	58
PUXAR	58

Q

QUADRADO	59
QUADRICULADO	59
QUADRÚPEDE	59
QUARTO	59
QUEBRA-CABEÇA	60
QUEBRADO	60
QUEIJO	60
QUEIMAR	60
QUEIXO	60
QUICAR	60
QUINTAL	60
QUITANDA	60

R

RABISCO	61
RÁDIO	61
RAINHA	61
RAIVOSO	61
RALHAR	61
RAMALHETE	62
RÁPIDO	62
RAQUETE	62
RASGAR	62
RATAZANA	62
REBANHO	62
RECEBER	62
RECHONCHUDO	62
RECICLAR	62
RECREIO	63
RECUSAR	63
REDE	63
REFEIÇÃO	63
REFLEXO	63
REFRIGERANTE	63

REGADOR	63
RELÂMPAGO	63
RELÓGIO	63
REMÉDIO	64
RENA	64
REPÓRTER	64
REPOUSAR	64
REPRESENTAR	64
RÉPTIL	64
RESFRIADO	64
RESTAURANTE	64
RETORNAR	65
RETRATO	65
REVISTA	65
REZAR	65
RICO	65
RINOCERONTE	65
ROBÔ	65
RONCAR	66
ROQUEIRO	66
ROUPÃO	66
ROUPEIRO	66
RUBÉOLA	66
RUIVO	66

S

SABOREAR	67
SACI	67
SACOLA	67
SALADA	67
SALIVAR	67
SALVA-VIDAS	67
SAMURAI	68
SANDÁLIAS	68
SANDUÍCHE	68
SARDAS	68
SATÉLITE	68
SAUDADE	68
SAUDÁVEL	68
SECADOR	68
SEDENTO	68
SEGREDO	69
SEMÁFORO	69
SEMEAR	69
SENTAR	69
SEPARAR	69
SEREIA	69
SERVIR	69
SILÊNCIO	69
SOBRANCELHA	69
SOBREMESA	70
SOCORRO	70
SOLA	70
SOLDADO	70
SOMBRINHA	70
SONÂMBULO	70
SONHAR	70

SONOLENTO ... 70	TOCA ... 77	VARANDA ... 85
SOPA ... 70	TOCHA ... 77	VARRER ... 85
SOPRAR ... 71	TOMADA ... 78	VAZAMENTO ... 85
SORRIDENTE ... 71	TOMATE ... 78	VAZIO ... 85
SORVETEIRO ... 71	TOMBO ... 78	VEÍCULO ... 85
SUAR ... 71	TONTO ... 78	VELEJAR ... 85
SUBMARINO ... 71	TOPETE ... 78	VELHICE ... 85
SUBTERRÂNEO ... 71	TOPO ... 78	VELOCÍPEDE ... 85
SUCO ... 71	TORCIDA ... 78	VELOZ ... 86
SUÉTER ... 71	TORNADO ... 78	VENCER ... 86
SUJO ... 71	TORNEIO ... 78	VERDURA ... 86
SUPERMERCADO ... 72	TORNEIRA ... 79	VERRUGA ... 86
SURDO-MUDO ... 72	TORTA ... 79	VESGO ... 86
SURFISTA ... 72	TOUCA ... 79	VESPA ... 86
SURPRESA ... 72	TRÁFEGO ... 79	VESTIDO ... 86
SUSTO ... 72	TRAMPOLIM ... 79	VETERINÁRIO ... 86
	TRANÇA ... 79	VIAGEM ... 86
T	TRAPEZISTA ... 79	VIBRAR ... 87
	TRATOR ... 79	*VIDEOGAME* ... 87
TABUADA ... 73	TRAVE ... 80	VIGIAR ... 87
TABULEIRO ... 73	TRAVESSEIRO ... 80	VIOLINO ... 87
TACO ... 73	TREINADOR ... 80	VIRA-LATA ... 87
TAGARELAR ... 73	TREM ... 80	VIZINHO ... 87
TALENTO ... 73	TREMER ... 80	VOAR ... 87
TALHER ... 73	TRENÓ ... 80	VOLEIBOL ... 87
TAMANDUÁ ... 74	TRICOTAR ... 80	VULCÃO ... 87
TAMBOR ... 74	TRISTE ... 80	
TANGERINA ... 74	TROFÉU ... 80	**W**
TANQUE ... 74	TROMBA ... 81	
TAPAR ... 74	TRONCO ... 81	*WEB* ... 88
TAPETE ... 74	TROPEÇAR ... 81	WINDSURFE ... 88
TAPIOCA ... 74	TRUQUE ... 81	
TAREFA ... 74	TUBARÃO ... 81	**X**
TÁXI ... 74	TUCANO ... 81	
TCHAU! ... 75	TÚNEL ... 81	XADREZ ... 89
TECLADO ... 75	TURISTA ... 81	XAMPU ... 89
TEIA ... 75		XAROPE ... 89
TELEFÉRICO ... 75	**U**	XERIFE ... 89
TELEFONAR ... 75		XILOFONE ... 89
TELESCÓPIO ... 75	UFA! ... 82	XÍCARA ... 90
TELEVISÃO ... 75	ÚLTIMO ... 82	XINGAR ... 90
TELHADO ... 75	UMBIGO ... 82	
TEMPESTADE ... 76	UNHA ... 82	**Y**
TENTAÇÃO ... 76	UNICÓRNIO ... 83	
TERMÔMETRO ... 76	UNIFORME ... 83	YORKSHIRE ... 90
TERNO ... 76	UNIVERSO ... 83	YAKISOBA ... 90
TERNURA ... 76	URSO ... 83	
TERRA ... 76	USAR ... 83	**Z**
TESOURA ... 76		
TESOURO ... 76	**V**	ZANGADO ... 91
TESTA ... 76		ZEBRA ... 91
TEXUGO ... 77	VACINA ... 84	ZELOSO ... 91
TIGELA ... 77	VAGAROSO ... 84	ZIGUE-ZAGUE ... 91
TIMÃO ... 77	VAIAR ... 84	ZÍPER ... 91
TIME ... 77	VALENTÃO ... 84	ZOMBAR ... 91
TÍMIDO ... 77	VALIOSO ... 84	
TINTIM ... 77	VÂNDALO ... 84	
TOBOGÃ ... 77	VARAL ... 85	

©TODOLIVRO LTDA.

Rua das Missões, 696 - Ponta Aguda
Blumenau - SC | CEP 89051-000

Ilustração: Belli Studio / Todolivro
©Belli Studio

Texto Adaptado:
Ana Cristina de Mattos Ribeiro

Revisão:
Letícia Maria Klein

IMPRESSO NA CHINA
www.todolivro.com.br

Dados Internacionais de Catalogação na Publicação (CIP)
(Câmara Brasileira do Livro, SP, Brasil)

Scottini : meu primeiro dicionário ilustrado. --
Blumenau, SC : Todolivro, 2019.

ISBN 978-85-376-4415-7

Índices para catálogo sistemático:
1. Dicionários ilustrados 2. Português - Dicionários

19-29606   CDD-469.3

Índices para catálogo sistemático:

1. Português : Dicionários ilustrados para crianças
469.3
Cibele Maria Dias - Bibliotecária - CRB-8/9427